南京南京

不能忘记的伤痛

【英】田伯烈（H. J. Timperley）/ 著
秦国耀 / 译

北京燕山出版社
BEIJING YANSHAN PRESS

图书在版编目（CIP）数据

南京南京：不能忘记的伤痛/（英）田伯烈著；秦国耀译.
——北京：北京燕山出版社，2018.5
ISBN 978-7-5402-5153-6

Ⅰ.①南… Ⅱ.①田…②秦… Ⅲ.①南京大屠杀－史料
Ⅳ.①K265.606

中国版本图书馆CIP数据核字(2018)第108964号

南京南京：不能忘记的伤痛

作　　者	田伯烈（英）
责任编辑	刘冉
设　　计	张合涛
责任校对	刘操
出版发行	北京燕山出版社
地　　址	北京市西城区陶然亭路53号
电　　话	010-65243837
邮　　编	100054
印　　刷	河北飞鸿印刷有限责任公司
开　　本	710mm × 1000mm 1/16
字　　数	156千字
印　　张	15.25
版　　次	2019年1月第1版
印　　次	2024年1月第3次印刷
定　　价	58. 00元

前言

1937年12月13日，日本侵略军占领南京。在华中派遣军司令官松井石根和第六师团长谷寿夫的指挥下，日军对中国军人和南京百姓进行长达六周的血腥大屠杀，共屠杀南京市民和放下了武器的中国官兵30余万人。这30万中国人排起来，可以从南京连到杭州；这30余万中国人的血，凝起来有1200吨。曾在长江岸边参加毁尸灭迹的日军少佐太田寿供述，经他与安达少佐在南京下关码头处理的尸体就有10万具以上，其中掩埋、焚烧的约3万多具，其余投入长江。这一举世震惊的暴行受到世界舆论的普遍谴责。1946年远东国际军事法庭在审判日本战犯的决议书中指出，“日本兵完全像一群被放纵的野蛮人似的污辱这个城市”，“实行杀人、强奸、抢劫、放火”。经远东国际军事法庭审理，松井石根被判处绞刑；谷寿夫被引渡给中国政府，于1947年处以死刑。这是日军在侵华战争中犯下的一桩滔天罪行。

80年来，12月13日这个浸透着鲜血的日子，永远在历史的长廊中歌哭，唤醒惨痛的记忆，使中日两国目不忍视又必须正视，春去冬来却永远历历在目。80年来，无论中国还是日本，这是一个从未间断过的话题——纪念与哀悼，否定与无视，研究与争执，反省与忏悔……

忘记历史就意味着背叛，否认罪责就意味着重犯。一切罔顾侵略战争历史的态度，一切美化侵略战争性质的言论，不论说了多少遍，不论说得多么冠冕堂皇，都是对人类和平和正义的危害。尤其在日本，考证更加专注，争论更加激烈，他们试图揭露或掩盖渗透在日本民族深层意识中最浓重的黑暗；在日本至今尚有人从根本上否认发生过“南京大屠杀”，尚有人著书撰文为日军开脱罪责。

但“南京大屠杀”惨案的存在，无论在历史上还是在现实中，都是世界公认的事实，这是少数日本人不能抹去的事实。

本书作者为田伯烈，是英国最有地位、最负盛誉的新闻记者之一。西班牙战争爆发后，他代表《孟却斯德导报》赴西班牙，对于西班牙政府、军队和民众团结一致抗御法西斯侵略势力的英勇斗争，予以忠实的、真切的、同情的报道，而为广大的读者所赞扬。日军进攻中国的侵略战争爆发后，《孟却斯德导报》因为田伯烈在远东曾有将近20年的长期经验，熟悉远东的情形，所以派他到中国来观察战局。职责所在，他亲身经历日军攻陷南京，并亲睹日军对中国的无辜平民所犯下的滔天罪行，于是将所见所闻，拟成电稿。后为证明所发电稿的真实性，多方收集第一手凭据，撰写专著并于1938年以《外人目睹中之日军暴行》的书名出版。

在任何战争中，交战双方都有自己的宣传方法，但作者作为第三方，从各种方面获得了许多确凿的凭据，包括：幸存者、见证者的回忆、信件和记录；拉贝、魏特琳等当年在南京的外国人的私人信函，除纯属个人事件并仅涉亲友关系者，均照原文抄录。文中通篇所记的史实、证据都是第一次被引证，为便利及安全起见，所有发信人及其他原作者的姓名，大多略去。附录四内的正式文件则引录全文。所有的信函及文件的原本或副本，均经亲自审阅，妥为保存，所有照片、影片及其他物证，也都可复查。

前事不忘，后事之师。2014年2月27日，中国共产党第十二届全国人大常委会第七次会议通过决定，以立法形式将12月13日设立为“南京大屠杀”死难者国家公祭日。在12月13日国家公祭日这一天，习近平走上公祭台并发表讲话：“今天，我们在这里隆重举行‘南京大屠杀’死难者国家公祭仪式，缅怀‘南京大屠杀’的无辜死难者，缅怀所有惨遭日本侵略者杀戮的死难同胞，缅怀为中国人民抗日战争胜利献出生命的革命先烈和民族英雄，表达中国人民坚定不移走和平发展道路的崇高愿望，宣示中国人民牢记历史、不忘过去，珍爱和平、开创未来的坚定立场。”

无论时间过去多么久远，历史都会记住这一天。“南京大屠杀”惨案这一具有世界意义和重大影响的历史教科书，将向所有世人表明“昭昭前事，惕惕后人”“永矢弗谖，祈愿和平”。为纪念“南京大屠杀”80周年，我们编辑出版了这本书，一方面是缅怀那些为了中华民族的解放事业而牺牲的英灵；另一方面是勿忘国耻，激励后人，努力实现伟大的中国梦。

在编辑出版过程中，我们对原书除部分人名、地名、计量单位、标点符号的使用以及一些常见字词的用法保留外，其他做了大量修改，使得内容更为真实，更为贴近现代的语言习惯。

另外，为便于读者更直观地了解当时惨烈的场景，我们加入近百幅插图，在此寄语读者：“勿忘历史，以史为鉴！”并以此与各位共勉。

编 者

目录

第一章

成为活地狱的南京

1937年7月7日，卢沟桥事变的发生是日军全面侵华战争的开始，也标志着中国全面性抗日战争的爆发。此后的8月到10月间，上海附近和苏州、无锡等地无数难民出逃，11月到12月间，杭州、镇江、芜湖、南京等地的难民也纷纷逃亡，5个月之内总计逃亡人数超过1800万人。上海公共租界和法租界内的中外人士为救济这些无家可归、无处藏身的难民纷纷设立难民收容所。一时间上海各收容所挤满了难民，最多时曾达45万人之多。

中国的华中战区内士兵的死伤人数至少达到了30万人，而平民的死伤人数与士兵死伤人数恐怕也相差无几。四处人烟绝迹，入目一片荒凉。日本军队长驱直入，想要消灭掉所有正在撤退的中国军队，掠夺光中国所有的财富，但是结果却让他们大失所望。那些被打退的中国军队在几个月的时间内又重新组织起来抵抗。那些勤苦耐劳的中国人民也是中国最重要的财富，但是随着日本军队的入侵和推进，他们被赶往了内陆腹地。那些中国的民族资本家所拥有的少量的工厂，在经历了日军猛烈轰炸后也都化为了灰烬，因此说，日军几乎是一无所获。

死亡的威胁让成千上万的难民陷入一片黑暗所笼罩的世界，但他们还剩一线

饶家驹与安全区里的难民和孩子们

希望，那就是希望能够进入一个外国人管理的安全区域。上海饶神父[①]曾于去年11月间在南市设立一个容纳了25万人的难民营，这是一个不容忽视的伟大功绩。

南京国际安全区和国际红十字会南京委员会部分成员，左三为德国人拉贝（John H.D. Rabe）。

安全区的建立者们。从左至右：俄罗斯人载尔，奥地利人哈茨，德国人拉贝，美国传教士马吉和白俄罗斯人保德施瓦尔奥夫。

南京一些热心公益的人士，在11月间，曾讨论过能否在南京设立一个同样性质的难民区，对于能否避免日本空军的轰炸，也曾发生过激烈的辩论，但是却没有什么结果。随着日本军队日益逼近南京，这个问题就更加迫在眉睫，最后终于成立了筹备难民区的一个委员会来商讨相关事宜，并希望能够得到中日双方的认可和尊重。南京难民区国际委员会由此产生了，德商拉贝（John H.D. Rabe）任主席，与国际红十字会南京委员

①饶神父即法国独臂神父饶家驹，在1937年11月9日于上海南市区成立难民区。

密切合作。（南京难民区国际委员会其他成员详细名单、国际红十字会南京委员详细名单见附录四的附件一、二）

当所有的南京居民和各国侨民都纷纷设法逃避的时候，这20余位正义勇敢之士，不顾本国使馆的劝告，依旧居留危城，这实在是值得称道的。虽然后来发生的种种性质恶劣的事件已经远远超过当初他们的预料，但是他们都是学识经验渊博之人，早就对

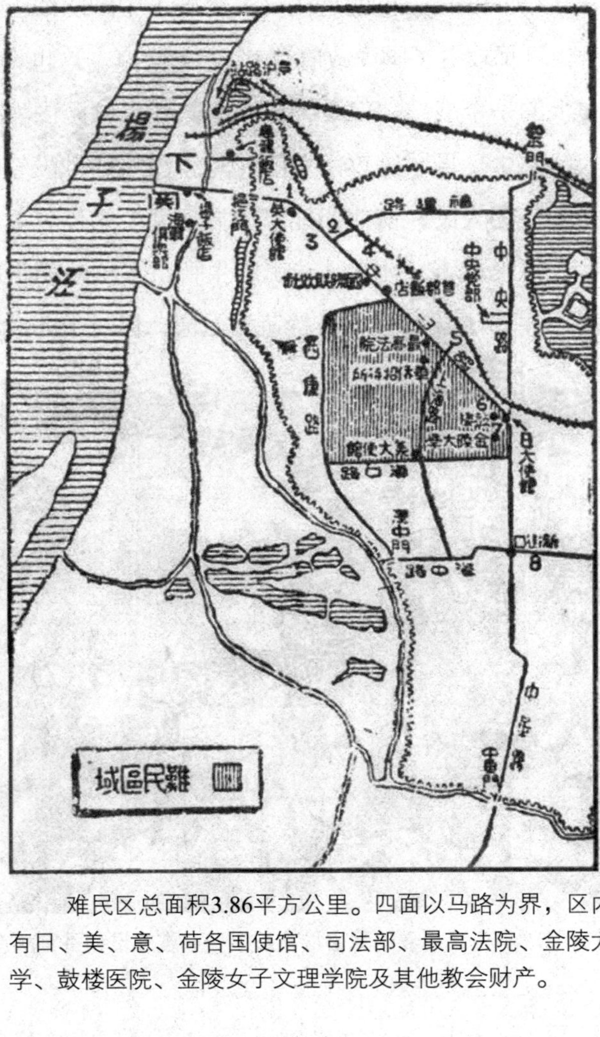

难民区总面积3.86平方公里。四面以马路为界，区内有日、美、意、荷各国使馆、司法部、最高法院、金陵大学、鼓楼医院、金陵女子文理学院及其他教会财产。

自身所处的地位和危险洞若观火。

当时南京难民区的面积及其位置详见附图。难民区国际委员会曾多次致信函于日本当局及其他机关（部分重要信函见附录四）。但是日本当局从来没有作出过书面答复，他们仅仅偶尔在口头上表示不负责任的承认。

1937 年 12 月 13 日，也就是在日军突破了中国防线上海部分的一个月以后，日军攻占了国民政府首都——南京。这也许算得上是近代战争史上的一个战绩。但是，日本军队在占领区内发生的暴行却让这一战绩蒙尘。日军进攻南京的时候曾派飞机散发宣扬“日军将尽力保护良善的人民，使他们能够安居乐业”的传单。日军总司令松井石根大将曾在 12 月 10 日劝说唐生智将军不战而退的传单中也这样说，“日军对于抗日分子虽然苛酷无情，但对于非武装的平民

1937 年 12 月 17 日，日本侵略军由松井石根和皇族成员朝香宫鸠彦率领，在南京举行入城式。

与不怀敌意的中国军队，则采取宽宏和善的态度”。然而下面的事实可以告诉人们，日军对自己的诺言究竟履行到了什么程度。南京有一位最受尊敬、很有声望、态度也极为公正的外侨，曾于 12 月 15 日给上海友人写了一封信，信中简洁扼要地叙述了日军占领南京几天内的情形：

“占领南京的日本军队已经完全丢弃了声誉。日本军队本来有可能获取中国人民和外侨的尊敬，但是他们放弃了这个机会。当中国政府和中国军队撤离南京时，社会秩序变得紊乱。日本一向自夸为一个有秩序有组织的国家，因此当日军攻入南京的时候，曾经有许多人认为战争造成的紧张局面和空袭的危险可以暂时结束了，并对此表示欣慰。实际上，中国军队从南京撤退的时候，当地大部分的市区都没有受到太严重的损毁，只是那紊乱的情形造成了一种恐怖的氛围，许多人以为，现在这种恐慌也可以解除了。”

“但是这种希望很快破灭了，仅仅在日军进城后的两天之内就破灭了，破灭于连续不断的屠杀、经常性大规模的劫掠、侵扰民宅、侮辱妇女，所有的一切都失去了控制。外侨走在街道上，满目都是堆积的平民的尸体。南京中区的任意两条横街之间都至少有一具尸体。其中绝大部分都是12月13日下午和晚上，日军进入南京城的时候被枪杀或者被刺刀杀死的。无论是谁，只要是因为恐慌到处奔跑或者在黄昏入夜以后被巡逻的日本士兵抓住，都难逃被就地枪杀的命运。这种暴行简直不容辩解。这种情况无论是在难民区还是在其他地方都是这样。一些外国人和一些有地位的华人曾经目睹了这些暴行，有些被刺刀杀死的平民死状之惨简直就是野蛮人才能做出来的事情。”

“那些没有来得及撤退的中国士兵，都已经放下了枪械，有的甚至都已经脱下了军装，但是在日军的大肆搜捕下，他们被抓住后捆绑在一起遭到枪杀。据我们所知，在日本军队里面除了一些即将被处死的散兵和一些充当了苦役的华人外，没有任何中国士兵的俘虏。曾经有华人警察被日军强迫从难民区的一个住宅里面拉出来400个难民，他们每50个人排成一排，被日军用来复枪和机关枪押着前进，那些难民的命运可想而知了。”

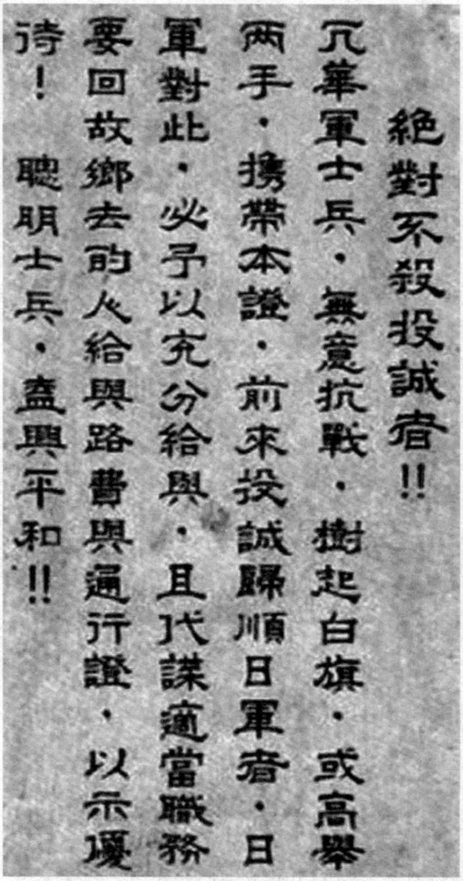

絶對不殺投誠者!!

凡華軍士兵・無意抗戰・樹起白旗・或高舉兩手・携帯本證・前來投誠歸順日軍者・日軍對此・必予以充分給與・且代謀適當職務要回故鄉去的人給與路費與通行證・以示優待!聰明士兵・盍興平和!!

1937年日本全面侵华后侵华日军发布的所谓“绝对不杀投诚者”传单，对其大屠杀暴行构成鲜明的讽刺。

“日军进入南京城以后，在日本军官的指示下，对南京重要市区进行了有计划的破坏，各类店铺无论大小无一幸免。食物虽然是日本士兵最需要的东西，但是如果有其他好东西，日军自然不会舍弃。许多的赃物日本士兵自己拿不动，就强拉来夫役来替他们背着。整个南京城所有的私人住宅都曾被日军光顾并且抢劫一空，不论这些住宅是否被占领，也不论是中国人的还是外国侨民的，是大的还是小的。日军所做的下面几件事情更将其无耻行径暴露无遗：第一，日军竟然搜刮劫掠收容所及其他避难处的难民的财物；第二，日军还抢掠鼓楼医院职员的钱和表，甚至连看护妇宿舍中的物件也不放过。虽然这些都是美国人的财产，挂着美国国旗，而且还张贴着美国大使馆的告示；第三，日军还夺取汽车及其他财产，往往先撕毁上面的国徽。”

“我们听说了太多强奸和侮辱妇女的事情，但是我们还没空调查。然而下面的几件事情，已足以证明局势有多么严重。我们的一位外国朋友，昨天亲眼看见日本兵闯入附近的人家里，强行抢去了4个姑娘。还有几位外国人看见一个新来的军官的住所中竟然有8个年轻的女子，而这位军官的住处附近并无其他人。”

“如此恐怖惨烈的程度简直无法用言语来形容。日本那些假惺惺的长官们还曾大言不惭地说，他们对华作战是以打倒中国政府、拯救中国民众为目标，这话听起来，真是令人作呕！”

“当然，占领南京的日军的种种恐怖残酷的行为，并不代表整个日本国民的行为，日本也有许多负责的政治家、军人和公民。如果他们为日本自身的利益打算，就应该毫不犹豫地设法去补救日本在中国人心目中已经一落千丈的地位。虽然有少数士兵和长官为了顾全日本皇军和帝国的声誉，能够严守纪律，但日军的整个行动对他们的所作所为来说却是一个沉重的打击。”

另一位几乎终身旅居南京的外侨，曾向上海友人报告了下面的事实。这里所引用他的信件除略去了私人事件部分，其他都照原文引用：

“我要向你们叙述一个极度不愉快的故事，这是一个充满罪恶和恐怖的故事，你们看了以后，也许会倒胃口。一群匪徒蹂躏着爱好和平的、和善的、守法的人民，没有丝毫怜悯，简直令人难以相信。哪怕这封信只有几个人看到，我也觉得有必要把这个故事叙述出来，否则我的良心会感到不安。只有很少的几个人知道这个故事，我是其中一个。这个故事只是其中的一小部分，至于它什么时候才能结束，我自己也难以断定。我很希望它现在就马上结束，但恐怕在中国的其他地方还在继续上演着同样的事情。我相信这是现代史上史无前例的残暴记录。”

“圣诞节快到了，我的故事就从12月10日开始讲起吧。我们在这两星期里经历了非常大的变化。中国军队战败了，撤退了，日本军队攻入了南京。12月10日那天，南京还非常有秩序，像平日一样美丽。而今天，经历了劫难的南京，到处都是被破坏的痕迹，遍地焦土，满目荒芜。足足有十天，南京彻底地陷入无政府状态，简直就成了人间地狱。我并没有遭受到真正的生命危险，但如果看到了兽性勃发或酩酊大醉的日本兵从强奸女人的地方走出来，那就绝不是一件安全的事。如果遇到日本兵用刺刀或手枪威胁你，要你让他横行作恶，你也会感到手足无措。日军曾发出通

南京大屠杀中的难民

知，让各国侨民离开南京，他们最讨厌外国人留在这里，因为他们不欢迎旁观者。但是，我们还是决定留在这里。我们看到最可怜的穷人被日军劫掠，连一个铜板和一条棉被都没有留下（现在正是严冬时刻），而黄包车夫的车子也没有幸免；我们看到成百上千已经解除武装的中国兵被日军从难民区里拖出去枪杀，或被当作练习刺杀的靶子，还可以听到清晰的枪声；我们看到大批妇女跪在我们面前，惊恐万分，哭着恳求我们，希望能援助他们逃出虎口；我们看到我们的国旗被日军侮辱，我们的住宅被日军抢劫一空；我们看到我们曾爱好的城市以及服务的机关，被日军有计划地放火烧毁。我有生以来第一次看到的活地狱。”

“‘这种情况要到什么时候才能结束呢？’我们自己问自己。日本官方每天都在向我们明确表示，他们正在想方设法去处理，事态马上就会好转。但是结果却大相径庭，事态一天比一天严重。听说又将有2万日军要到南京来。他们会不会也要掳掠、屠杀和强奸呢？实际上整个城市已经被洗劫一空，

一日军杀死中国同胞，并提着头颅狞笑。

没有多少东西可以供他们掳掠。早在上个星期，日军就把各商店各仓库里的存货用卡车装满，然后一卡车一卡车运出去，最后一把火将房屋烧掉。我们不得不陷入深切的焦虑，因为就算我们把所有的存粮都供给20万难民，只能够再维持三星期而已，存煤也只够供给十天。而且就算有三个月的存粮，那么三个月以后吃什么呢？房屋已经被毁坏了，住到哪里呢？在这种恶劣的环境下，不久一定会发生疾病和疫情，难民绝不能一直这样生活下去。”

“我们每天都会向日本使馆提出抗议，一边呼吁，一边提交准确详细的日军暴行报告记录。虽然日本使馆的人员还保持着表面上的礼貌，其实他们根本一点儿权力没有。那些取得胜利的日军似乎以随意掳掠、屠杀和强奸来作为他们的奖赏。虽然他们对外界公告是专程来亲善中国人民的，但却以其不可想象的野蛮残暴的行径加诸中国人民。毫无疑问，日军在南京的暴行是现代史上最黑暗的篇章。”

“如果要一一叙述过去十天内所发生的事情，说起来就太多了。并且，可惜当世人开始了解这些事实的真相的时候，它们已经不是‘新闻’，而是‘旧闻’了。‘南京已经恢复了秩序和安宁，南京的居民摇旗欢呼迎接仁慈的皇军’，这是日本竭力向国外宣传的。可是我的日记里所记录的这期间发生的几件比较重要的事情我要摘录下来，至少我

日军对放下武器的中国军人行刑

的朋友们会感到有用，也会借此留下一个人生的纪念。”

“日本方面的检查非常严格，我预料这封信一时没法发出去，所以信中叙述的事情可能会超出信上所注明的发出的日期。南京陷落以前，美国使馆人员、其他各国使馆人员以及一些外国商人离开南京时乘坐了倒霉的巴奈号炮舰和美孚公司的汽船。他们本来希望一个星期内就可以重新返回南京，而如今他们（那些没有被日军炸死或者没有受伤的人）却还在上游苦苦等候。他们可能还需要两个星期才能离开上游。而我们离开南京更是遥遥无期。事实上，我们已经成为了日军的俘虏。”

“上次的信中我就曾经提到过，南京难民区国际委员会曾向中日双方交涉，要求他们承认难民区的中立地位。在难民区不设立军事机关、不驻扎军队、不轰炸，让那些留在南京的20万居民可以在最危险的时候有躲避的地方。因为在我们看来，中国军队在上海附近的抵抗力量已经被击败，他们的战斗精神也受到很大挫折。中国军队没法长期抵抗日军的大炮、飞机和坦克的优势火力，加上在杭州湾成功登陆的日军进攻中国军队的侧翼和后方，南京已经注定要失陷了。”

“12月1日，南京市长马超俊让我们负责难民区的行政责任，给我们配备了450名警察，并拨付了3万担米、1万担面粉、一些盐，还许诺拨助10万块钱，不久我们就收到了8万元。南京卫戍司令唐生智将军也开诚合作，将难民区的军事设备撤走，其军队纪律严明，秩序很好。这种情况一直持续到12月12日日军进城之前。虽然偶尔也有抢掠的事件发生，但是也仅限于少量的食物。外国人的财产更是受到妥善的安置。12月10日之前我们还有自来水，11日之前我们还有电灯，直到12日日军进城那天，电话才被中断了。日军的轰炸也没有以难民区为目标，所以那个时候的南京还是相当安全的。跟现在的情形比起来，简直有天堂地狱之别。当然我们也遇到一些困难，粮食堆积在城外，车夫要到城外那子弹横飞的地方去装粮食，这可不是闹着玩的。一个车夫被弹片击伤了一只眼睛，也曾有两辆卡车被日本军队扣留。但是这些比起以后所遭遇的事情简直就不值得一提。"

"12月10日，难民蜂拥而来，把金陵女子文理学院、陆军大学及其他学校都挤满了。我们只好把收容所扩展到最高法院、法学院、华侨招待所等地方，打开大门，派人照管。紫金山前隐约可以看到日军指示炮火目标的气球。南门被重炮不断轰击，城内炮弹纷落。第二天早上，几个炮弹落在了难民区的南端，福昌饭店附近死了约40人。我们的稽查员史波林君（Eduard Sperling）也是德商上海保险公司的代表，他就住在福昌饭店内，也受了轻伤。美国炮舰巴奈号顺着江水向上游驶去，我们放弃了乘舰离开南京的最后机会。"

"我们一共有27人留在南京，包括18名美侨，5名德侨，1名英侨，1名奥侨和2名俄侨。一批外侨乘坐巴奈号炮舰、美孚和亚细亚火油公司的汽艇以及其他船只向长江上游前进，他们都盼望能够早日回到南京。但是当他们重返南京时，南京已经不复从前了！"

"12月12日那天是星期日，我在难民区的办公桌上埋头工作。前外交部长张群的公馆内是我们的总办公处，那里很舒适，而且有南京最考究的防空洞。"

"过去两天里，飞机不断在我们的头顶盘旋，炮火也非常猛烈，城墙崩塌，房倒屋毁，而城南的损害是非常惨重的。虽然不知道中国军队的死伤数目，但伤亡一定很大。日本也承认占领南京的战斗中，牺牲了4000人。"

"中国军队在12月12日午后开始大撤退。他们纷纷从南门退进南京城内，许多士兵穿越难民区，但并没有什么越轨的行动。史波林君应唐生智将军的请求向日方商谈暂时的休战，于是前往日军试探，但已经太迟了。唐将军当天晚上离开南京，南京城顿时陷入一片混乱。在去下关和江边的路上堆满了中国军队所抛弃的来复枪、子弹、皮带、军装、汽车、卡车等等，情形异常狼狈。无数燃烧着的车辆成为一片可怕的大火场。通下关和江边的城门被关闭了，恐慌的士兵纷纷使用绳子、绑腿布、皮带和布条等吊上城墙逃走，许多人又跌下城墙摔死了。江边的景象则最为凄惨。发了疯似的士兵，挤上江边的民船，因为载重太多，船翻了、沉没了，许多人就这样溺亡了。一些想用木筏渡江的人也遭遇了同样覆灭的命运。好不容易逃出险境的人，在一两天以后也许又会遭到日机的轰炸。"

"有三个连的士兵在长官的指挥下，越过南京城三里外的三汊河阻击迎面而来的大队的日本军队。但是由于双方力量悬殊，这些士兵几乎被全部歼灭。似乎只有一个人活了下来，而这个人恰巧是我朋友的一个兄弟。第二天早上，他来找到我告诉我整个事情的经过。他和另一个军官本想一起游过三汊河渡江，结果那个军官被淹死了。于是，他在天亮以前偷偷地翻墙进了南京城。"

"南京曾经愉快、和平、有序和进步的局面暂时结束了，恐怖、毁灭和死亡随着日军占领南京而来。12月13日上午11时，日军第一次进入难民区，我和2个委员接待他们，起初他们好像没有恶意，可是仅仅几分钟以后，有20个惊慌奔跑的难民就被他们杀死了。只要是遇见日军就逃跑的人，全部枪杀，这几乎成为了日本军队的定律。"

"许多没有来得及逃走的士兵也都躲到难民区要求保护。我们表示只要他们缴械就能够保全生命，于是我们忙着给他们解除武装。但是很对不起，我们没有实现对他们的承诺。没过多久，他们就被日军或枪杀、或刺杀，像这样束手待毙还不如拼死到底啊！”

“炮火还没有完全停息，但是落在难民区的炮弹已经很少了。我们的院子曾经就落下一些弹片，威尔逊（Robert Wilson）医生在鼓楼医院的手术室里差点儿被弹片击中。一个炮弹穿过了金陵大学的新宿舍，所幸没有造成伤亡。交通部大厦是南京最漂亮的建筑，但是现在已经起火，连那富丽堂皇的礼堂也都在燃烧。我们不知道到底是中弹起火还是中国军队撤退的时候放火焚烧的。”

“12月14日，日军的坦克车、炮队、步兵、卡车潮水一般涌入城内。恐怖的时刻开始了，而且一天比一天严重。他们攻克了南京城，占领了蒋介石政府的所在地，他们作为胜利者为所欲为。日本飞机曾散发传单，宣称日军是中国人唯一的真朋友，将保护善良的中国人。然而随意奸淫、掳掠和杀戮似乎就是他们表示诚意的方式。我们的收容所中许多难民被日军拉走，刚开始的时候我们以为是做夫役的。但是他们往往一去就杳无音讯，怕是永远都回不来了。一个日本军官带着随从，在我的办公室里研究‘六千名解除了武装的中国兵’到底在什么地方，整整研究了一个钟头。在其他地方我们有3辆汽车被日军偷走，他们还接连四次到我们这里，想偷我们的汽车。桑纳牧师（Hubert L. Sone）仅仅离开他的房屋不到五分钟，他房屋上的美国旗就被日本兵扯下扔在地上，然后日本兵砸坏门窗，开着车逃走了。他们又想偷我们的卡车，结果2辆卡车被他们偷走。我们便派了2个美国人驾驶汽车，为难民运输米和煤。如果将他们对付日本小偷的故事写下来肯定很有趣。连鼓楼医院女看护的手表和自来水笔也被日本兵抢走了。”

“《纽约泰晤士报》记者都亭（F. Tirman Durdin）那一天要去上海，但到了句容就被迫返回了南京。《芝加哥日报》记者史蒂尔（Archibald S. Steele）从江边回来后说，许多日本驱逐舰已开到南京，他从一个日本军官那里得到了巴奈号炮舰沉没的消息，他没有说其他船只是否被击沉。那些乘坐巴奈号离开的朋友们，曾竭力劝我们也一同乘舰离开，临走的时候还留下许多绳子让我们从城墙逃走。现在我们总算平安无事，巴奈号却被炸毁，想起来未免后怕。”

“国际委员会主席拉贝和秘书史密斯（Lewis C. C. Smythe）去访问日军司令部，想要见负责的长官，请求他们阻止那些让人难以容忍的骚扰行动。但是负责的长官还没有进城，要等到明天。无论如何他们的访问都不会有结果。”

“星期三，我回到我的住宅的时候发现门已经被打开了。由于有一个日本海军的参谋人员在等候着我，所以我没有来得及细看屋里，我只能拜托另外一个在那里值勤的下级军官替我照看一下。对巴奈号惨案，日海军军官深表遗憾，但具体的情况也不是很清楚。他说如果留在南京的外侨想要去上海，海军方面愿意派舰送过去，并愿意代发关于私人事件的无线电。于是我将一篇很简短的电稿交给他：‘上海青年会全国协会威尔白（Wilbur），南京外侨均平安，望转告各方。’我告诉他，除了两个新闻记者，其他外侨都准备继续留在南京，他似乎有些失望。”

“我开车送他回舰的半路上，被一个陆军军官拦截，他说那边有危险，平民不准过去，因为那边还在消灭少数中国军队。我们恰好在军政部前停车，亲眼目睹了日军枪杀已被解除武装的中国兵和许多无辜的平民的过程。原来不准我过去的真正原因是这个。于是那个军官不得不步行回到濑田舰。那一天下午路透社的斯密士

（Smith）和史蒂尔两个人准备乘坐日本的驱逐舰去上海，所以我跟他们一起来到下关。一路之上，我看到了累累尸骸，惊心触目，那种情景真是难以用笔墨来形容，让我永远无法忘记。”

“我们赶到下关码头的时候，纽约《泰晤士报》记者都亭和派拉蒙影片公司的摄影师孟根（Arthur Menken）两个人已经在那里了，他们也准备去上海。我在码头上遇见了日使馆的三等秘书冈村，他刚从上海来，向我讲述了巴奈号惨案的详细情况。我邀请他一起乘车进城，但是到城门口的时候又被阻止，日本守兵坚决不准我进城。凡是外国人一概不准入内，哪怕我刚刚出城不久，也不能通融。冈村替我解释也没有用。冈村只好先进城，设法向司令部给我弄了一张特别通行证。我在城门口足足等了一个半钟头，看着野狗撕咬着尸体，臭味扑鼻。”

“晚上我们开会的时候，附近一个收容所中的1300个难民被日军

南京大屠杀后遍地尸体

全部拉走，他们中间有许多人当过兵。虽然当天下午日本军官已经向拉贝承诺不再伤害他们的性命，但现在他们的命运已经可以预料了。他们被日军用绳子绑着，每100人绑成一团，帽子都被日军抓下来扔在地上，就这样被押往刑场，可是却没有哭泣或呜咽的声音。我们目睹了当时的情景，心痛异常。有四个广东的孩子从家乡跋涉而来，参加抗战，直到昨天向我缴械的时候还很不情愿，他们也在其中吗？还有一个从北方来的高大健壮的下级军官，他最后那感到希望破灭的目光，至今一直让我不安，他也在其中吗？我不应该跟他们说日本人可以保全他们的生命啊！我们本来以为日军当局会履行诺言，恢复秩序，谁知日军的野蛮残暴行为简直超出了现代文明人的想象，而将来的日子也许会更坏。”

“12月16日，给难民运输的粮食出现了问题，我们的汽车、

难民区内的生活场景

卡车都被日本兵偷走了。我只好到美国大使馆向二等秘书亚纪逊（George Archeson）借来汽车，然后交给密尔士牧师（W. P. Mills）去运输难民急需的米和煤。我们这里收容了大批的难民，三个做饭的大灶需要大量的米和煤。我们现在已经有25个收容所，每处收容所的难民最少200人，最多的达到了12000人。整个金陵大学收容了大约3万人，金陵女子文理学院的甬道都挤满了难民，因为这里收容的妇孺从最初的3000激增至9000。我们本来打算每个难民都占16平方尺的地方，实际拥挤程度使之远远不足此数。我们曾尽力保护这些妇孺的安全，特别是金陵女子文理学院的魏特琳女士（Minnie Vautrin）、陈夫人、金陵大学的德威南夫人（Paul Dewitt Twinem），她们的勇气让人敬佩，做事也非常热心。”

图为南京青年被缚遭杀戮。日军以残杀中国人为游戏，旁观的日军官兵正在一旁嬉笑。

“12月16日早晨，我们开始听到有强奸妇女的事情发生。据我们所知，有100个妇女被日军抢走，其中从金陵大学图书馆掠走了7个。而在家里被强奸的妇女更是不计其数。许多妇女在街道上徘徊，想寻找到安全的容身之地。中午，金陵大学的李格斯（Charles Riggs）带来消息，所有法学院和最高法院内的难民都被抓走了，还包括50名警察。

李格斯的抗议没有什么用，反而被日本士兵侮辱，受到日本军官毒打。日军到处搜身、抢劫难民拥有的一切财物。下午4时，我们开会的时候，听到了日军扫射难民的枪声，这真是非常恐怖的一天。”

“我去布克教授（J. Lossing Buck）那里吃晚餐，顺便回去看了一下我的住宅。两面美国国旗还飘扬着，门上贴的大使馆布告还在，可是门已经被打开了。屋子里非常凌乱，所有的抽屉、箱子、橱柜都被打开了，阁楼上更是被翻得不成样子。被褥、衣服和食物大部分也都没有了。王正廷博士赠给我的一个精美的麻栗树屏风架也不见了。”

第二章

掠夺、杀戮和奸淫

对于12月16日以后的事情，他在日记中这样写到：

“12月17日，星期五。劫掠、屠杀和奸淫的事情愈演愈烈。昨日白天和夜间，至少有1000名妇女被强奸。一个可怜的女人竟被强奸了37次，一个兽兵在强奸时，因为五个月大的婴孩不断哭泣，就把他活活闷死。受难者挤满了医院。我们唯一的外科医生威尔逊忙得连休息的时间都没有。日军不但抢掠珍贵的东西，连黄包车、牛、猪和驴也不放过。由于日军到我们的厨房和米店捣乱，我们的米店被迫停业。”

“因为我们要分班轮流值夜，所以黄昏后我分别送裴志博士（M. S. Bates）到金陵大学，麦加伦牧师（James Mcgallum）到鼓楼医院，密尔士牧师和史密斯到金陵女子文理学院。我们在金陵女子文理学院门口被日军搜索队拦截。日军用刺刀逼迫我们下车，搜索我们是否藏有武器，扔掉我们的帽子，用电筒照耀着我们的眼睛，并查究我们的通行证和夜行的目的地。魏特琳女士、德威南夫人和陈夫人站在我们的对面，20多个妇女跪在地上，那个下级军官说着不太标准的法语，坚称学校里藏匿着中国士兵。我说除了50个

日军活埋中国同胞

仆人和少数职员外，没有其他男性。但他不相信，并且说如果查出来超过这个数目，就将被枪决。他让我们全部离开。魏特琳女士表示反对，被他硬拖到汽车上。他忽然又改变了主意，说女的可以留下，男的必须离开。我们要求留下一个男人，但他没有答应。我们先后被扣留了一个多小时才恢复自由。第二天，我们才知道有12个姑娘被那群日军抢去了。”

“12月18日，星期六。早餐时，李格斯说住在他家里的2个女人，昨天晚上被强奸了，其中一个是青年会某秘书的表妹。威尔逊说一个5岁的女孩子送到医院时，她被日本兵刺了五刀，有一刀刺在小腹上；一个男人的身上有十八处刺刀的伤痕；一个女人的面部和腿部，也被刺了十七刀。下午，有四五百个惊恐无比的妇女涌进我们的办公处希望得到保护。”

“12月19日，星期日。已经完全陷入无政府状态。日本兵到处放火，火势猛烈，据说还有几处也要被烧。许多地方的美国旗都被撕毁了。挂在美国学堂上的国旗，也被他们扔在地上践踏。看屋的人还被他们警告，如果再敢挂上去，就要他的命。甚至连日本大使馆贴在外侨财产上的布告也被侮辱。一天以内，日本兵闯进外侨住宅的次数就达到了五次到十次之多。那些住宅内的难民都被搜劫，妇女则被他们强奸。有些人无缘无故地就被他们残忍杀害了。7个难民区清洁队的队员，6人被杀，一人受伤逃了回来。黄昏后，我们派了2个人到鼓楼医院代理院长白雷特博士（Richard F. Brady）的家里，驱赶4个又想来强奸的暴徒，并将所有的妇女都转移到金陵大学。史波林一天到晚忙着驱赶暴徒。我赶往美国大使馆三等秘书金庚斯（Douglas Jenkins）的住宅的时候，美国旗依然飘扬，但是室内凌乱不堪，2个仆人都被杀死了，一具尸体在汽车间，另一具尸体在床铺下，都有虐杀的痕迹。街道上的尸体非常多，都是平民。红十字会想掩埋尸体，但是没有卡车和棺材。卡车被日本兵偷走了，棺材被劈成木柴放火烧掉了，连红十字会的来做掩埋的工人也被赶走。”

“我同史密斯君一起去访问日本大使馆，提出了五十五种日军暴行的证据，并且告诉田中参赞和驻京总领事福井，今天的情形更加恶劣了。他们明确表示将‘尽力设法’，局势很快就会‘好转’。但是很明显，他们没有办法控制军人，军官也没有办法控制士兵。据说有17个宪兵已经到达南京，他们将协助恢复秩序。用17个宪兵控制5万军队，简直是笑话！也许我们并不是很反感日使馆里的几位先生，他们或许真的已经尽了他们的力量。可是他们反而跟我商量借车子和一个机匠，我又觉得非常好笑。车子我们有许多辆，早都被日本兵偷走了，我倒很想请他们去向日本军人商量商量。但最后我还是领着他们到美国大使馆，给他们借了三辆车子，其中一辆是大使的，另一个俄国机匠的。”

“12月20日，星期一。暴行仍然在继续。全城大火蔓延。下午17时，我同史密斯君一起坐车出外，太平路一带火光冲天，这是城内最重要的商业区啊。继续向南走，我们看见日本兵在店铺内放火。更往南，我们看见日本兵在忙着用军用卡车装东西。青年会所在地也着火了，但还没有波及到附近的房屋，显然起火的时间不长。我们匆匆前进没有心思认真观察。夜里我从窗口向外望去，看见有十四处火焰直冲天际。”

“我们拟了一个文稿给上海美国总领事，请求立即派遣代表团来南京，刻不容缓，并恳求日本大使馆设法由海军无线电发出。毫无疑问，这封电报永远发不出去。”

“12月21日，星期二。下午2点30，我们14人带着一份由22个外侨签名的抗议书（参看附录四）访问田中参赞，要求终止纵火骚扰的不幸事态，他又满口答应。拉贝非常忧虑，因为他住宅的对面已经起火。他的花园里还有400余名难民，吃的问题日趋严重。煤也很快就要用完了。金陵大学里的一些难民，因为挨饿而发生了骚动。李格斯还在向各处搜寻。因为日军将城内所有的米和煤都封存起来了。今天日本兵趁我们出去的时候爬墙进入我们院子，想将我们的车辆偷走。还有一次差点儿真让他们把桑纳的卡车偷走。德国大使馆的罗森（Rosen）博士乘蜜蜂号英舰到下关，但日军不准他上岸。于是他写了一封信询问德侨财产的情形，并托田中参赞转交给拉贝。拉贝是这样回复的：'50余所德侨住宅，只有两所没有被抢劫，只有大使和罗森博士的汽车没有被征用。'"

"12月22日，星期三。早晨5时，日军又开始了射击，我们清晰地听到一百响以上的枪声。夜里，日本兵又两次用刺刀威胁门警，冲破大门闯入院里，而那些值班的日本宪兵无动于衷。日本宪兵派来代表告诉我们，秩序在1月1日就可以恢复了。他们还向我们借汽车和卡车。我同史波林君一起走过离办公的地方很近的一个池塘，看见了50个被反绑着手的平民的尸体，其中一个人被削去半个脑袋，应该是死在日本的军刀下吧？回来吃早餐的路上又遇见一个醉酒的日本兵用刺刀威胁一个青年会作家的父亲，在一旁的他的老太太简直惊恐得就要发疯了，我们不得不替他解了围。我们到家后还没来得及坐下，就又赶往金陵大学建筑师季君（C. T. Gee）和鼓楼医院院长邓尼尔博士（J. W. Daniels）的住宅，看到日本兵正想强奸那里的女人，让我们好笑又好气的是那些无耻的日本兵看到我们竟然越过铁丝网逃走了。"

"裴志和李格斯两个人还没来得及吃完早餐，就匆匆赶往金陵大学蚕桑系校址去驱逐几个喝醉了的日本兵。我回到办公处后，又接到史波林、德商礼和洋行代表克鲁治（Christian Kroeger）2个人的紧急报告，他们正面临生命危险，因为一个酒醉的日本兵用刺刀威胁他们。幸运的是田中参赞和一个日军高级将官同时到达。那个醉兵被将官打了几下嘴巴，除此之外估计也不会再有其他惩罚。我们从未听说日本军队整饬纪律。长官对那些不守纪律的士兵，往往只是很客气地劝他下次不要再这样了。黄昏时我和李格斯君步行回家，日本兵闯进了李格斯住宅强奸了一个54岁的老妇人。虽然我们也不忍心看着妇女被日军蹂躏，但是我们也不能整天一步不离地看着她们啊。"

"吴君是下关电灯厂的一个工程师，他向我们讲述了一件非常耐人寻味的事情。该厂共有54个职工，工作都很努力，他们一直工作到南京失陷前的最后一天，然后进入在江边的英商和记洋行避难。日军把电灯厂里43个人拖出去枪毙，理由是这个电灯厂属于国营（其实是民营的）。日方每天都派人到我的办公室来骚扰，让我寻找那些职工去恢复电力的供给。我听了吴君的消息后，可以这样告诉日方，该厂的大多数职工已经被他们的军人杀死了，没有人去恢复电力。我觉得这样的答复至少会让我感觉舒服一点。"

"12月23日，星期四。桑纳君今天受到了日军的虐待。他到南京神学院斯密士（Stanley Smith）博士的寓所里去，一个日本军官和几个士兵正在撕掉寓所上的美国旗和日使馆的布告。他们强迫那些难民转移走，说要在那里设立一个登记难民的机关。桑纳君被迫签署了凭据，答应将这房屋借给日军两个星期。他当时的处境一定非常艰难，心情一定非常痛苦。可是桑纳君并不是那么容易屈服的人，他向大使馆提出了抗议，终于把日本兵赶出去了。"

“农村师资训练学校收容所内，又有70个难民被拉出去枪毙。日本士兵根本没有任何纪律，他们随意乱抓中国平民。任何人的手上只要发现有硬茧，就必死无疑，因为这常常被当成握枪的证据。黄包车夫、木匠和其他工人就因为这样常常被抓走。”

“中午，办公处来了一个人，简直惨不忍睹。他的头部被烧焦了，眼睛和耳朵被割掉了，鼻子也只剩下一半。我把他送到医院，几个小时以后他就死了。事情的经过是这样的：日军把几百个人绑在一起，浇上汽油，用火烧他们。他也是其中的一个，但他被绑在最里面，有许多人挡在他外面，所以汽油只是浇过了他的头部。没有多久，医院里又收到同样的病人，也是被火烧的，伤得更严重。当然，这个人也死了。日军好像曾用机关枪扫射，但也有人幸免于难。第一人没有子弹的伤痕，第二人就有。我住在鼓楼的对面，看见另一个死人躺在马路的转角，头部和臂膀受着同样的火伤。显然，他在临死之前挣扎了那么远的一段距离。这真是让人难以相信的兽行。”

“12月24日，星期五。据美国大使馆华人某君报告，昨天夜里所有住在使馆内的中国职员和他们的亲属都遭到日军的搜索抢劫。日军用刺刀砍破了巴克斯登君办公室的大门，偷走了院子里的3辆汽车。今天早晨又有2辆汽车被日军偷走，其中一辆是孟根君的。我将这件事情告诉了田中参赞，因为昨天我答应将那辆汽车借给他。”

“登记工作从今天开始了。日军当局认为至少还有2万名中国兵躲藏在难民区内，他们一直想要除掉这些人。我跟他们说，估计也就剩下不到100名中国兵。但无论如何都会有许多无辜的难民要遭到劫难，他们都非常恐慌不安。经由中参赞的出面邀请，中国人组织的自治委员会昨天成立了，也许能够帮上一些忙。但是已有的好细开始活动了。难民区中就抓到了一个奸细，难民一起将他围住痛打。我将他救了出来，锁在我们办公处的地下室，然后将他交给了中国警察。中国警察会怎样处置他呢？我想也许会绞死他吧，但我嘱咐他们要留念。”

“今天一直有日军来骚扰，又有几个清洁队队员失踪了，金陵大学看门的警察也被日本兵抓走了。那些日本兵还是想偷我们的卡车。他们封锁了我们的一个煤栈，经过李格斯君的努力交涉才重新开放。”

“圣诞节前夕，克鲁治、史波林和德利谟博士（C. S. Trimmer）3个人来同我们一起吃饭，炸牛排、甜番薯味道非常不错。日本兵每天要翻墙闯进来许多次，所以拉贝不敢离开他的住宅。那些日本兵既然翻墙进来，拉贝便不许他们走大门，让他们翻墙出去，如果那些日本兵不愿意，他就向他们挥动他的国社党臂带，并指着他的国社党最高勋章，问他们是不是明白那勋章的意义。这方法挺管用的，屡试不爽。晚上，他走过来送给每人一本精致的皮装西门子日记簿。威尔逊弹起了钢琴，大家一起唱圣诞歌。”

“圣诞节这天。天气非常好，环境似乎也变得好了一些。街上的行人慢慢多起来，许多临时的货摊出现了。我们邀请魏特琳女士、鼓楼医院鲍育女士（Grace Bauer）和金陵大学生物学系教员吴女士（Blance Wu）、白路莱夫妇（Charles Bromley）的养女吴女士（Pearl Bromley Wu）等人一起共进午餐。我们正围坐在一起品尝烤鹅的鲜美味道的时候，却接到了三个紧急报告。于是我们不得不立刻到金陵大学教授方恩博士（WM. H. Fenn）的住宅、中国教职员宿舍和蚕桑系校舍三个地方去驱逐日本兵。”

“今天农村师资训练学校的美国旗被日本兵扯掉了。昨天今天两

上图为日刊登载的日军第十六师团长中岛今朝吾的日记。该日记记载了当年日军攻占南京后屠杀中国军民情况。下图为日本《东京日日新闻》有关日军第十六师团富山大队副官野田岩与炮兵小队长向井敏明在南京紫金山下杀人比赛的报道。

夜，7个日本兵一直占据着圣经师资训练学校，并且强奸那里的妇女。在我们的办公处附近，3个日本兵强奸了一个12岁和一个13岁的小姑娘，等到我们发现的时候已经太迟了。还有很多人被日本兵刺伤。据威尔逊医师报告，南京被日军占领后，医院共收治了240人，其中四分之三都是日军暴行造成的。”

“金陵大学内，登记的手续开始了。日方宣称如果那些中国兵出来自首就可以活命，只是罚做夫役。真的出来自首的大概有240人，但是他们却全部被绑走了。到医院寻求医治的人就有其中的两三个人，他们是受伤后装死才找机会逃脱的。听他们说，那些自首的中国兵一部分被日军用机关枪扫射死了，另一部分被当成了日军练习刺刀的活靶子。还有一些设法潜逃到医院或者朋友家的人。他们都是在日军的刽子手行刑的时候只受了一些不致命的伤，然后被同伴们的尸体压着躺了整整一天，夜里才设法逃走的。我们经常遇到很多这类情形。

“12月27日，星期一。今天已经是日军占领南京的第三个星期了。一艘日清汽船会社的轮船从上海开来。该公司派了4名代表来访，称不久之后长江就可能会正式恢复通航。还有许多日本妇女也随该船一起来观光全城。她们向一些小孩散发糖果，一副很得意的

图为日军侵占南京后，用卡车经过市内中山东路大行宫口，被残杀的市民横尸街头。

样子，似乎为日本取得的胜利而高兴。事实上，她们对那些事情的真相一点儿都不知道。不过我想，也许全世界对此也都是一点儿都不清楚。”

“士兵仍然肆意妄为，使馆和军队间至今仍没有达成共识。使馆所发动主持的自治委员会甚至被军队方面拒绝承认，自治委员会的委员也遭到军队故意蔑视。军队方面表示，中国人是被征服的人民，不要奢望得到什么优待。骚扰和暴行的事件一天比一天增多，那些我们没有听到的或看见的，更不知道到底有多少了。”

“今天接到的报告中有以下几件事情：一个13岁的男孩在大约两星期前被日军抓走，因为他的工作没有做得令日军满意，就遭到日军用铁棍的毒打，然后又遭到日军用刺刀刺伤。昨夜1个日本军官和2个小兵开车闯进了金陵大学，3个妇女被他们当场强奸，还有1个妇女被抓走了。圣经师资训练学校也遭日本兵多次闯入，他们到处搜劫难民，还强奸了20个妇女。鼓楼医院的夜班管理员被日军抓走，鲍育女士向日军提出抗议但是没有奏效，日军四处放火的行为还在继续。今天，两个位于南城的

饱受战争残害的中国儿童

基督教教会学校被大火烧成灰烬，德商起士林糖果店（Kiessling And Bader’s）也着火了。日使馆的警察长高谷却来到我们这里向我们表示，所有外侨的房屋从今往后都将受到保护，并带着史波林君去查看德侨的财产。我们个人觉得这只是他的口头支票罢了，至于实现却是非常困难了。日本军队差不多将所有南京外侨的财产都掳掠光了，再向外侨提出什么要求，实在没有必要了。连外侨的汽车也都被他们偷走了。我差点儿忘了说一件事情，昨天我跟史密斯君一起去访问难民区外的英国大使馆。日本兵偷走了他们11辆汽车和2辆卡车，幸运的是那些仆人还都没有什么事。几乎每一条街口都能看到被丢弃的汽车、电池和一些其他东西，到处都是一片凌乱，丝毫没有珍惜。”

“今天有一件让人非常高兴的事情，邝富灼博士托日清公司轮船带来的一封信，由日使馆转交到了我的手里，这是最近三四个星期里我们这些人中接到的第一封信。邝君在信中问我们难民的救济工作是不是需要现金，还准备将收到的捐款划出一部分给我们。这些款项都是各方影响国际扶轮会代我们发出的呼吁而慷慨援助的。邝君的支持真是及时雨！我们的确需要钱，很多很多的钱。甚至每当我想到不久需要的钱的时候，心头总会有一个阴影，要怎样才能弄到钱呢？”

“12月28日，星期二。天气很坏，先是下起了小雨，然后又飘起了大雪，这是我们一直担心的。那些可怜的难民都在草棚里，他们的状况将更悲惨，因为大多数的草棚无法挡雨，有些草棚简直就像狗窝，到处都是泥泞一片，连站立的地方都没有。不过所幸这许多天的天气，一直都算还好。”

“我今天到几处收容所去查看。大部分收容所都很拥挤，当然里面也不干净。收容所的干事和助理员虽然都是义务工作，但是他们的工作都非常完美，尽力维持难民的秩序，保障难民的膳食，对其他事物的安置也都非常妥当整齐。但这些收容所到底要持续到什么时候呢？哪怕一部分难民的房屋仍然还在，但是他们何时才能够回去呢？秩序的恢复又要到什么时候呢？”

“今天，我第一次离开我的住宅，到不远的学校去。学校里面被折腾得乱七八糟不像样子。物理实验室里所有的仪器都被故意毁坏了，运动场上的一头死牛，被野狗吃掉了一半。学校大门上的大使馆的布告也没了踪影。”

“12月29日，星期三。天气还算好，登记工作还在继续进行着，但效率不高。因为难民们根本不知道什么时候去登记，又要到哪里去登记。日军又抓走了疑似中国兵的难民。女人和老人一边哭着一边向我们磕头，恳求我们想办法找到他们的亲人。我们的努力有几次是成功了，但日本军人对我们的任何干涉都非常不满。中国红十字会的代表告诉了我们一些关于下关方面的情形，江边大约还有2万名难民。在日军进城之前，我们给他们的粮食也都快吃光了，他们什么办法都没有，非常凄惨，要求也到难民区来。但是难民区已经实在是太拥挤了，事实上日军不会允许他们到难民区来，也不会允许他们得到我们的帮助。他们暂时只能自己忍受着这一切。”

“日本卫兵终于出现在了各国使馆门前。但是两个星期前为什么不出现呢？我们的住宅仍然没人保护；有几处收容所的卫兵不知道是来帮忙的还是来添乱的，因为他们不但要取暖的火、要吃的、要睡觉的床，还向难民要其他的东西。”

“12月30日，星期四。我把某教会机关的18个仆人召集起来，支付了他们一直到下月15日的工资，然后告诉他们以后要另想办法了。这实在是非常为难，因为其中几个人已经服务很多年了，非常忠厚老实善良。我和W君希望等到整个秩序恢复以后，也许可以利用旧的校舍做一些小事情。可是，我们留在南京的人实在是太少了，并且根据南京目前的物质环境，要建立起一个新的集团真的非常困难。W君是设计住宅的，也是一名优秀的助理委员，C君是收容所的一名优秀的管理员，我们的仆人也都能发挥各自的才能，工作都很称职。”

“下午我访问了日本大使馆，大约有60个中国人（多数是难民区收容所的干事）正被使馆人员训话，指示他们应该如何庆祝新年。一律改用五色旗，青天白日旗不许再用。让他们去做1000面五色旗和1000面日本旗。同时要求，难民在1000人以上的收容所，派20名代表，较小的收容所，则派10人。元旦当天下午1点钟，鼓楼上必须悬挂着五色旗。预先安排的节目有‘合适’的讲话和音乐，还有那些自然摇旗欢迎新政府的民众，到时候都会被拍到镜头里。城内的大火还在燃烧，又连续发生了三起十二三岁小姑娘被强奸或强抢的事件。史波林忙着赶走那些在办公处附近房屋里的日本兵。日本兵又在金大蚕桑系校舍四周布置哨兵线，到处抓人。”

“12月31日，星期五。今天比较平静。晚上没有暴行的报告，这是日军占领南京后的第一次。日方这两天放假，忙着准备庆祝新年。我们反而更担心，因为也许会有更多的日本兵喝得大醉。我们叮嘱难民不要出门。晚餐后，我们全体应拉贝邀请，到他家里燃起圣诞树，我们每人都收到一份贺年卡，上面有我们22人的全体签字，并刻着难民区的黑圈红十字徽章。拉贝讲起了在南非洲时的一些冒险的故事，来为大家助兴，墙上挂着几种庄严伟大的纪念品。”

“元旦了，不禁有些想家，想到亲爱的家人，谁都想尽办法希望能够换取一封家信。日本使馆人员告诉我们，可能还需要几个星期才能恢复通航，所以我们显然还需要继续忍耐很长时间。他们还说留在南京的任何外侨至少要在一个月以后才能到达上海，实际上，我们在这里已经成了俘虏。”

“再继续讲述这个故事，继续讲述新年以后所发生的恐怖行为好像已经没有什么意义了。今天是1月11日了。情形虽然有了些许改善，但每天仍有暴行发生，而且有几件事件的性质非常恶劣。3名美国大使馆代表在6日抵达南京，9日英德两使馆也各有3名代表一同抵达，我们觉得情形也许能够因此而得到进一步改善。但是我昨夜驾车外出的时候，还是看到了四处火灾，并目睹了日本兵正在另一家

被日军杀害的中国同胞

店铺里放火。从12月19日到现在，日本兵每天都会到处放火。前天，克鲁治君曾想办法偷偷溜出东门，他回来的时候告诉我们，他经过了大约二十里的范围内，所有的房屋都被大火烧毁了，到处一个人都没有，连家畜都没有看见。”

“我们终于可以用无线电与外界沟通了，这真是一件令人非常高兴的事。上星期日，我就把各人住宅的电线接好了，现在我们也有了电灯光了。我们的办公处在几天前就有了电灯，但因为担心他们只许日本人有电灯，所以我们并不敢声张。我们看到了上海的日文报纸，还有两份东京日日新闻，报上说早在12月28日，商店已恢复常态，纷纷开门营业，日军还协助外侨救济可怜的难民，城里的中国匪徒已被消灭，南京已经恢复了安宁。如果眼前的现实不是太过悲惨的话，看到这种谎言我们都忍不住要捧腹大笑了！”

“上面的叙述并不是仅仅出于情绪化仇恨。我明白战争本身的残酷，尤其是一个民族征服另一个民族的侵略战争更是如此。据我从这一次战争的经验和1932年淞沪会战的经验比较来看，日本军队缺乏基督教精神，是一种野蛮的破坏性的力量。他们不仅仅危害着东方，将来也许会对西方造成威胁，所以全世界应该清楚事实的真相。至于这个局势该如何收拾，我不想多说，就让那些贤明的人士去考虑吧。”

“当然，我们也不应忽视光明的一面。中外友人都表现出惊人的奉献精神，我们在共同工作中也建立了真挚的友谊。我们常常振奋于难民每一次对我们所做的或想做的事情所流露出的感激之情。跟他们所承受的痛苦比起来，我们所遭遇的损失和困难，显得有点微不足道。我们要对3位德侨委员表示我们的敬意和感谢，如果没有他们，我不知道怎样才能够渡过难关，他们真像是一座坚固的堡垒！”

“将来会怎样？最近的将来可能看不到丝毫光明。但公理与正义最后一定会胜利。中国人在其他美德之外，还有着忍受苦难的伟大力量。总之，我个人永远都愿意与中国人一起共患难！”

第三章

甜蜜的谎言和血腥的行动

去年12月下旬，日军当局要求所有南京居民必须进行登记。对集中在金陵大学（清光绪十四年创建的美国教会学校）的3万余名难民也要进行登记。金陵大学的一位外国教授于1月25日写成下面的报告，该报告根据12月31日的草稿和1月3日的记录整理完成：

“学校内从12月20日开始了登记。2000余名男性难民被日军从新图书馆那边迁移过来，因为学校里大部分都是女性难民，男性难民不多。大约3000多男性难民都被集中在史威斯纪念堂（Swazey Hall）前的网球场上，听他们大声地演讲。这些做演讲的中国人是受日本军官的命令来做的，他们也都很想拯救自己的同胞。因为已经有许多被认为是中国士兵或者被诬陷为中国士兵的人被杀害了。演讲的内容很简短，大概是说：‘以前当过兵的或者做过夫役的都走到后面去。如果你们主动承认就可以保住性命，还可以获得工作。要不然被发现了，就会被就地枪决。’演讲反复讲了许多遍，足足有半个钟头。我、桑纳、李格斯以及学校里的其他许多中国职员听得清清楚楚。演讲结束以后难民中走出了两三百人。听一

南京大屠杀中活埋市民的场面

些中国朋友的意思，他们之所以挺身而出是受到了当时的恐慌情形的影响或者误解了夫役一词。因为他们中的一部分人根本没有当过兵。”

“后来我们了解到，当时实际指导登记难民的军官还是比较谨慎和理性的。即便如此，但是对那些在光天化日之下，甚至在长官亲临现场进行登记手续的时候，日本兵所做出的非法行动，那些军官也一样难逃其咎，一样让人鄙夷。刚到早晨的时候，一位日本军官找到我，跟我商量能否借用美国人的地方进行办理登记。他的态度很谦逊，这在占领区内几乎很少见，有点让我受宠若惊。刚开始的时候，他和其他几个人的确都在尽力避免不必要的恐慌，我也几乎已经相信他们的诚意了。还有一点，日本兵要对从难民营里挑出来的大约1000人进行查究。那一刻他们都已经列队出发要去接受个别的盘查了。但在许多中国人当场提出了许多反面证据以后，日本军官便只扣留了一个人，把其他人都释放了，回去听候登记。而这个被扣留的人也因为我和桑纳两个人的求情也被释放了。中午以前，日本军官请我们对那两三百个挺身而出承认自己身份的难民再供给两顿饭，以后的伙食就将由日本军队提供了。做卫队的日本兵表现得也很和善，还给难民以香烟。午饭以后，难民们一一报告了自己的姓名和职业，进行了登记。”

“临时又发生了变故。有两个军官又走了过来，他们的地位至少要比办理这一件事情的那些人地位要高。其中一个人对正在进行的事情非常不满意。昨天他就曾到学校里来过，举止既粗鲁又笨拙，因为这一个区域的宪兵都归他指挥，所以我们能经常领教到他的恶劣行为和鲁莽的举动。现在他一直等到将近5点钟的时候，卫兵将那两三百自告奋勇的难民分成了两队，押解了出去。其中有个人在事后表示，他从一开始就怀疑那些卫兵所表现出的反常的礼貌。”

“第二天一早，一个人到鼓楼医院来求医治，他身上有五处刺刀的刺伤。这个人在以前就曾经明白地说过他是收容在图书馆的难民，而且不止一次地说过。他说，他是在街上被日军抓去的，后来加入到了来自网球场的一伙难民中。晚上的时候，130个日本兵用刺刀将同样被抓来的500个俘虏屠杀在城西的某个地方，大部分都被活活戳死。他受伤后侥幸没有死，等他醒来的时候，日本兵都已经走了，于是他在黑暗中爬行逃生。他对城西的情况不太熟悉，所以不知道那是什么地方。”

“12月27日早晨，又送来一个人，他说昨天被日军拖出去屠杀的两三百人中只有三四十个人幸免于难，他是其中一个。他求我救救他和另外几个正在等待登记的同伴。但是当时我的周围都是日本宪兵，我不便直接表示，所以我告诉他，今天只登记妇女，现在不用

被砍头的中国同胞

多说。后来又我去查询了三次，都没有他们的下落。

“27日、28日两天内，我听到了几个旁人传来的消息。消息中说，那两三百个难民中的一部分，或五个或十个被捆绑成几队，从某栋楼房的第一个房间依次送入另一个正燃烧着大火的房间（也许是一个院子）。每一队走进去以后，都传出来呻吟和惨叫声，但是没有枪声。原来有60个人，剩下了20个人拼命冲破了墙壁才得以逃跑活命，另一部分人听说是因为五台山的和尚恳求才得以苟活。在这里有必要说明一下，这些听来的消息有一部分就是那些和尚提供的。李格斯在12月26日傍晚也听到过类似的消息，但是按照时间推算，这应该跟那件事不是一回事，要不然不会传播这么快。这些消息常常重复混淆，让人似乎难以完全相信，我们几次去查询也没有结果，同时又有许多其他的事情和诸多问题需要面对，每一天都紧张得很，大家都忙得顾不上。”

“12月31日，图书馆收容所的一位可靠的助理员某君告诉我，有两个人曾来到这里向他讲述了一件事并要求得到援助。我当即表示可以叫他们来证实一下。其中一个人是当兵的，这是他坦白承认的，也显示了他的诚实。他们说从学校里押解出去的那两三百人被分成了许多小队。他们的那一队先被押送到五台山上，后来又被押送到汉西门外的秦淮河畔，然后日军用一挺机关枪向他们扫射。他们两个人跌倒了，一个人受伤，他们没有死，身上却沾满了死者的鲜血。”

“1月3日，图书馆收容所迎来了5个难民，他们是从12月26日那次劫难逃出来的，一路走回来。他们5个我都认识，我和他们其中的两个人进行交谈。其中一个人是第一批被押解出去的，他证实了上面所讲的日军在五台山附近使用火刑的事实。他说当时被杀的大概有80人，逃出去的大概有四五十人。另一个被刺刀戳伤了，也在图书馆收容所里，他也可以证实同样的事实。”

“还有一个人在叙述经过或者回答问话的时候都很清晰明白，没有一点儿含混，思路清晰异常聪明。他是第二批被押解出去的，被押送到五台山上一个庙宇对面的大楼内（根据可靠推测，应该是上海路上两所大厦之一，南面距离美国学校很近）。他目睹许多中国和尚和一个日本和尚（他说到日本和尚的时候我很奇怪，就怀疑地问他怎么知道那个和尚是日本人。他说那个和尚的鞋子前端另外劈开了一个大拇脚趾的位置，而他曾在天津住过很长时间，所以才能认识。几天后我果然在南京的上海路上，亲眼看到这样的和尚）在苦苦祷拜，并且庙门口铺着长长的纸条，他看到这些的时候心里很惊讶。他当时觉得自己可能凶多吉少了，就向一个态度和善的卫兵表示了担忧。那个卫兵默默地用木棒在地上写了几个字：大人命令。”

“他和旁边的30多个人两两一起被用铁丝捆绑着手腕，被日军押往汉中门。过了淮河

日军将被杀害的中国人尸体投入江中

以后，四五个人趁着有废弃的墙体掩护在黑暗中逃脱了，并设法躲藏起来。大概在半夜1点，月色还不太亮，他听到北面传来一片凄惨的喊叫声。天亮了，他向北面走了不远就看见很多尸体堆积，满身都是刺刀戳的伤痕，非常恐怖。最后他终于安全地通过了汉中门，偷偷回到了难民区。”

“对这个人所描述的情况和提供的这些证据，我还有两点可以附加的佐证。一个就是中国红十字会的一位负责人曾告诉我们汉中门外有许多尸体，并要求我们过去查看。另一个佐证就是国际委员会的克鲁治曾告诉我，他一大早冒险去汉中门外面的时候曾经亲眼目睹了那些尸体，但是从城墙上往下看却什么都看不见。现在出不去了，因为城门关闭了。这个人要去进行登记了，他预感到登记的时候可能会有一些危险的事情发生，所以他才如此直率地向我讲述

南京大屠杀时期的金陵大学难民收容所

这一切。我记得学校里面在1月7日的时候又进行了一次公开登记，日本宪兵从难民中挑出了10个人，他就是其中一个。那一个星期，负责登记的日本军官好像得到了上级长官的命令，必须每天都登记才能交差，似乎如果不这样就无法向上级长官交代。登记的手续已经与最初的登记大不相同了，自动承认曾服过兵役的事情也几乎完全没有了。我还是跟平常一样，密切关注着登记的各种情况，不论什么时候，只要在日本军官及其性情的许可下，就尽量去援助受难者。我看见他被日军挑选出来的时候还曾经试图替他解围但是却没有成功。后来我又抓住一个机会向一个态度好一点的日本军官商量，表示我认识那个人和另一个最有希望被释放的人，可不可以由我来做担保（如若勉为其难，要请那位军官原谅）。不知道什么原因，只释放了第二个人，我认识的那个人却不准释放。我又一次努力并且碰壁以后，我只能适可而止了，免得连累到其他人。死亡也许是他最有可能的结局，虽然不能完全肯定。”

“根据图书馆收容所两个难民的间接报告，在沿秦淮河北岸三汊河附近有几百个人被日军用刺刀杀害，只有他们两个人逃了出来。”

“在过去的两个星期内所发生的类似的事情不知凡几，本文所描述的只是其中很小的一部分，我们必须要意识到这一点。在这两个星期里，日军的作风也发生了重要转变，一直以来他们都把他们认为曾经服过兵役的难民加以集体屠杀，不管他们是不是被冤枉的。按照国际公法，除非有严格的军事上的必要，否则必须尊重俘虏的生命。但是南京这里不是讨论国际公法条文的地方，日军早就把国际公法置之脑后，他们没有兴趣讨论国际公法，他们公开承认这样做是为了复仇，为了给在攻占南京时候死亡的同伴们复仇。其他众多被屠杀的无辜的难民人数已经远远超过了占领南京的时候阵亡的日军人数。在这样的情况下，我特别关注两件事：一是日军用完全不顾信义、没有人道的手段屠杀无辜难民；二是我们的财产、全体人员还有难民们，与日军这种罪恶滔天的各阶段的行径都有着痛苦的牵连。虽然其他几次同样有许多难民被日军押走而一去不返，而我们只有一些简单的报告，但是那一次的屠杀，无论是方法上、时间上、地点上，我们都有充足的证据。根据各方面的情形分析，那一天从学校里被日军押走的难民，大多数都在一个晚上被处死了，只有少部分难民并入了从其他地方转移过来的等待处决的难民中。”

“我至今也不愿意走过那个网球场，就是因为过去两个星期内的日军的种种暴行。每天都有上千名难民被送到学校并且等待登记。为了这些难民的安全，我们对那些日本军官和士兵必须笑脸相迎、谦恭有礼，哪怕他们在这一场悲剧中扮演着各种重要而不光彩的角色。接连许多天都要如此，这简直就是一种折磨。我们甚至觉得我

儿童的尸体被投入水中

们变成了屠杀那200多难民的从犯，如果那些难民的家人也在附近的苦海中受难的话，我们应该向他们负责。”

“那些日本军官和士兵到底是什么样的人呢？有几个人比我们所接触的那些暴徒要仁慈些。谁没有妻儿啊？他们中一定也有许多人爱着自己的妻儿啊！”

第四章

重重魔影

1月10日，也就是日军占领南京将近一个月以后，为本书提供第一章第一部分材料的某君，又写信给他的朋友报告了如下情形：

“各位朋友们：一艘美国海军曳船驶往上海去救护巴奈号，这是日本军队占领南京以后开出的第一艘外国船只。在这个到处都充斥着奸淫妇女、刺刀戳人和随意开枪射击等行为的纷乱环境里，我趁着美国海军曳船驶出的这个机会，匆忙写下了这份报告。希望上海的朋友们能够到总领事馆领取，并设法交到外国船上带出去，免得遭到日本方面的检查。”

“新年以来，由于大批的日军已经开往其他地方，所以难民区的情形已经有所缓和。而他们所谓的‘恢复纪律’简直就是无稽之谈，甚至连那些派来协助‘恢复纪律’的日本宪兵都完全忽视了自己所负的责任，也参与强奸掠夺。除非没有新的部队到来，或者当局能够果断些快刀斩乱麻，否则不管什么时候都有可能有新的事态发生。日本方面还是没有提出明确的对策。这个星期内，日本似乎想要表现出一种对安定现状的意愿，也终于允许各国领事馆可以派人重新进入南京。”

“已经有超过1万的平民和投降的俘虏都被残酷地屠杀了。而许多消息可靠的朋友们却认为要远远超过这个数。其实，根据掩埋的统计来看，仅被掩埋的尸体就达到4万具。这些被屠杀的人，有一些是中国的士兵，他们已经投降，放下了武器，或者因为来不及撤退而做了俘虏；许多平民哪怕是一点儿当过兵的嫌疑都没有的人，也会随随便便被枪杀或者被刺刀杀死，其中就包括很多的妇女和孩子。根据几位精明的德国朋友估计，光是强奸的事件就发生了不止2万次。而我也认为至少有8000次，当然这是我最保守的估计。仅就在金陵大学、职员家庭和美侨住所内发生的强奸事件，我就有300多次强奸案的确凿证据，而且还有超过100次的强奸案的详细记录。你简直难以想象那是一种多么痛苦和恐怖的情形。学校里被强奸的女性，年龄小的仅仅11岁的女孩子，甚至连53岁的老妇人也会被强奸。有将近三分之一的强奸都是在白天发生的。在神学院里，曾经有17个日本士兵在白天轮流强奸一个女人。”

“城里几乎每一栋房子，即使包括美国、英国、德国等国家的使馆和大使的住宅，以及外侨的一大部分财产都被日本士兵搜索劫掠过。他们并没有因为是外国机构或外侨而得以幸免。日军搜索掠劫所有有价值的东西，包括各种车辆、食物、衣服、被褥、钱财、钟表、地毯、字画及其他一些有些价值的东西。一直到现在还是这样，而难民区以外的地方尤其严重。没有遭受日本士兵抢劫的南京的店铺只有国际委员会的米店和一个军用仓库这两个地方。大部分的店铺遭受掠劫都是先由日本士兵争抢着打破大门，进去后进行

图为 1937 年 12 月 15 日，日军在南京市内中山路用卡车、骡马车、自行车、黄包车、独轮车甚至儿童车等装载抢劫的财物。

一番偷窃后，然后在日本长官的监视指导下有计划地用卡车搬运一切，最后再将店铺一把火烧掉。一直到现在还是每天都有好几次火警。许多住宅也被日本兵故意放火烧掉。日本士兵放火用的化学引火物，我们保存有几种样品，我们还曾一一目睹了他们放火的整个过程。”

“大多数的难民所仅有的一点衣服被褥和食物，都被日本士兵抢走了一部分，至于难民所携带的钱财，更是全部都被抢走了。难民们在最初的一个星期到十天内流露出沮丧绝望的神情，这都是这些毫无良心的强盗行为所带给他们的苦楚。店铺没有了，工具损坏了，银行没有了，交通阻断了，几条重要的街道也都化为了焦土，所有的东西都被抢劫一空了。你可以想象在这里工作和生活面临的实际情况，那些饥寒交迫的难民就在这样的环境中挣扎生存。这里的难民几乎都在难民区，大约一共25万人，而其中10万人的吃住都要依赖国际委员会。其他难民有的靠着私藏的一些粮食过活，有的靠直接或者间接抢来的东西苟延残喘。日本军队攻占南京的时候，曾焚毁了一些小的仓库，也没收了中国政府储存的大批的粮食。现在日本军队因为经济和政治上的原因开始出售其中的一小部分。但是以后该怎么办呢？我还曾就这个问题向日本官方询问，他们给的答复却是：‘没有计划。’”

“国际委员会的确对难民起到很大的帮助，而它本身也是一个奇妙的故事。国际委员会中有3个德侨非常出色，我简直想挂起国社党的徽章与他们保持友好的关系。在最初筹备难民区的时候曾有一位荷侨和3位英侨做出过很大贡献，可惜的是在中国军队从南京撤退前不久，他们因为各自所在的公司和他们政府强硬的态度，所以他们离开了。所以筹备难民区的工作大部分都落到了美国教士的身上。

我们这些美国教士并没有袖手旁观，每个人都在医院紧张地工作，因为医院经常拥满了受枪伤或者刺刀伤的难民。当然，我们中有几个人感于自己的责任另外负责其他的事情。最开始的时候，我们得到了中国人的许多帮助，而且有许多事情也必须要中国人协助才能完成。但是有几个时期如果没有外国人挺身而出与日本兵抗争，我们简直什么都无法完成，什么东西都没法搬动，甚至连装着米的卡车都没法通过。我们曾有几次有很大危险，甚至都没有成功的希望了，到最后却在他们的帮助下完成了任务。我们负责照顾难民的吃住，并且对查究出来的每一件事情向日军方面交涉抗议，努力保护难民安全。除了这些日常性的工作以外，我们还多次阻止了日本的抢劫，劝阻或者吓走许多次强奸或想强奸的日本士兵。日本使馆

被日军杀戮的中国军警

的工作人员曾跟我们说过，日本长官要在许多中立国家人士的监督下来完成占领南京的任务，这简直就是无稽之谈，让人愤慨。在他们的意识里，世界历史上关于占领情况的记载从来没有过真实的记录，这句话自然是不对的，但丝毫不奇怪。”

“有的时候我们也会因为受到挫折而产生放弃的念头，但是毕竟成功的次数大大超过了失败的次数，这也激励我们付出更大的努力。我们必须坦承我们与日军的关系在很多地方都不是很好，虽然使馆警察态度很谦虚，但那只是一少部分，而并非全部，由于日本使馆的工作人员尽力设法避免日军与华侨产生利益冲突，所以我们也的确方便很多。他们之所以如此是因为办理这一种事务的主要人员都是参加反共公约的德国人和日本方面觉得在巴奈号惨案后急需安慰的美国人。因为多次出现损害财产和侮辱国旗事件的发生，所以我们曾经两次以委婉的口气请求美国使馆派人来南京，但是这些

日军残杀中国同胞

请求都遭到了日本方面的扣留。这个星期，情况虽然有些好转，但是我们仍然无法与外界联系，甚至不能到郊外和江边，我们只能从使馆方面偶尔收到美国海军用无线电发出的几条消息。”

“12月1日以后就没有再接收到过邮件，简直是太迟钝了。一直到昨天晚上，我们才有了电灯光（这还是因为七个美侨与电灯厂的职员有私人关系）。电灯厂的职工被日本军队诬陷是公务人员，54个人中有43个人被日军枪毙。电灯厂工人和他们的家属都没有保障，这也是公用事业难以快速恢复的主要原因。而日军用飞机大炮轰炸以后，又接着纵火焚烧，这自然导致公用事业不会在短期内得到恢复。因为水要靠电力才能提取，所以我们只能在一处地势低的地方另外找了一处水源。我们不再妄想有电话、公共汽车，甚至连黄包车都成了奢望。难民区大概有方圆二里，并且还有很多没有房屋的空地。难民区内除了日本兵的骚扰外没有发生火灾，没有发生罪恶或者暴行，也没有宪兵。一直到这个星期，才有一些难民为了燃料到难民区外的空屋搜索。”

“金陵大学各个学部一共收容了3万多难民。即使是仅仅维持他们最低限度的生活，管理问题也非常麻烦。学校里的正式职员和学校的杂役很少，但是工作都做得很出色。虽然也有许多人自告奋勇参加国际委员会，但是他们的动机却相当复杂。告密、恐吓、收买汉奸的事情时有发生。我最近就经历了三件很难处理的事情，我怀疑他们要使我和学校陷入困境。过去三天里发生的两件事情涉及到了我所提出的关于金大附中的损失报告。他们将我的报告改得自相矛盾，这样就让别人看起来我有欺骗日本人的嫌疑，从而离间我和那个收容所负责人的关系。另外一件事的经过是这样的：给我们充当翻译的是一个活泼善良的青年，他不愿意离开金大附中收容所，从而拒绝了日军的要求和威胁，于是被日本士兵抓走，绑去枪毙。我去一个日本的宪兵司令部去查探，那是一个可怕的地方，我被他们强行用暴力推进了房间。那里有一个宪兵昨天晚上在金陵大学拉出来一个女人准备在那里施行强奸的时候，碰巧被我们的李格斯碰见，那个宪兵就用刺刀相威胁，结果那个女人还是被强奸了。所以我们不畏惧困难，我们竭力挣扎，只是希望对那些可怜的人们有所帮助。他们是最能忍受痛苦、爱好和平的人民。你们恐怕不能真切地体会到我们生活在其中的滋味。”

“最初，在南京横行的5万日军中只有17个宪兵，有时候许多天连一个宪兵的影子都看不到。后来有一些日本士兵绑上臂带标明自己宪兵的身份，于是他们反倒获得了为所欲为的特权，无视一些普通的干涉。据我们所知，那些因为强奸而被日本长官抓住的日本士

南京大屠杀遇难同胞纪念馆展出新发现的遇难者遗骸

兵仅仅是受到一顿责骂，没有受到其他任何惩罚；而那些抢劫东西的士兵见到长官以后举手敬礼也就没有什么事了。有一天晚上，日本军官带队用汽车向金陵大学袭击，他们绑住了我们的看门人以后，进去强奸了3个女人，其中一个只是12岁的小女孩，临走的时候又带走了1个女人。”

“东京报纸预料所有的外侨都已经乘坐炮舰或者汽艇离开了南京，L女士并没有接到我仍然留在南京的消息，她认为我已经死在了巴奈号炮舰上或者已经受伤了。但是在痛苦了两天以后，她终于在某日报上看到了有两个人在日军占领南京后访问我的记录。经过她的许多朋友的恳求，该报在17日派出了几个访员和一个摄影记者来到了中国（经核实，日军13日进入南京城，巴奈号12日被炸沉，消息传出去的时候已经迟了）。元旦那一天，我接到了他们从上海带来的一幅画和一封信，信件显然已经被日本使馆人员仔细检查研究过。因此我们也都解除了对彼此的担忧。11月8日以后，她曾经用多种方法联系我，给我写过许多次信，拍过许多次电报，但是除了这封信以外，我再没有接到其他的任何消息。12月17日，她希望能在1月份的第一个星期内从东京赶到上海，但是后来就没有了音讯。最近美国炮舰带来了一台无线电设备，我希望能够接收到上海方面的一些消息。”

“但是现在日军不允许我走出南京城，哪怕有交通工具，日军也不会允许她从南京离开。我们不知道这样的情形什么时候才能结束。中国人害怕美侨或者所有的外侨都在日军逼迫下离开南京，充满了担忧。而日本人一方面害怕我们一直留在南京，另一方面更害怕我们离开南京。现在，我设法尽力与一些日本人保持良好的关系，包括日本使馆人员、半官地位的一些日本人以及不是太残暴凶恶的一些日本军警。但是这是一件多么困难的事情啊。距离南京被占领已经四个星期了！如果我们体会到这其中的滋味，我们就不得不说炮弹和炸弹并不是那么讨厌。但是未来又会怎么样呢？”

“另一方面，这封信也与外面杂乱无章的情况一样写得杂乱无章。我曾经提到过，中国军队根据他们的军事计划曾经在撤退的时候焚烧毁坏了城外的许多村庄和城市，并且偶有抢劫食物的事情发生；那个时候大家充满了深深的不安，对中国军队不可避免的撤退的不安、对巷战的准备（其实根本就没有发生巷战）的不安以及对可能发生的对平民的侵害的不安。但其实除了这种不安以外并没有发生什么重大的骚乱。……相比较起来，中国军队可以说得上很友好了。”

“不用说，这封信并不是想刺激日本人引起他们的反感。但是日本军队经常用虚假的宣传来掩盖自己的犯罪事实，如果信里面叙述的事实说出了日本军队所做出的一些不必要的暴行，那也是不可避免的。在我个人看来，最重要的是这次侵略战争带来的苦难，这苦难因为日军的放纵和愚蠢而加倍，并且让未来继续充满黑暗悲惨的阴影。”

一个星期以后写的一封信，虽然没有前面那封信那样具体详实，但是仍然有引用的价值，因为它可以在一定程度上反映出当时的情景和那种紧张的氛围，所以我将它引用在下面：

“你离开南京以后所有的情况都发生了很大变化，我们的学校被迫关门了，教师和学生都去一些安全或者看似安全的地方避难了，只有一些人为了应付一切可能发生的事情而不得不留在南京。中国军队溃败撤退已是不可避免，我们估计中国军队撤退的时候难免发生一些纷乱，甚至抢劫。我们成立了难民区，收容全城的难民。难民区的范围南到汉中路，北到山西路（实际上还要超过山西路，在山西路以北），东到中山路，西到西康路（金陵女子文理学院以西，穿山前往上海路和汉中路的交叉点）。难民区的西南界线是一条经过神学院男生宿舍的直路。但是我们觉得靠边的房屋应该和难民区范围内的房屋同样是安全的。难民区几乎聚集了南京所有的人民，每一间房子都人满为患。我请估衣廊美以美教堂的牧师到女职工宿舍那边负责，因为圣经师资训练学校收容所里没有具体的负责人。有牧师担负那一方面的责任我们也放心很多。7100多难民在两所学校避难，圣经师资训练学校收容约4000人，神学院收容3100人以上。当然有许多人是住在狭窄的芦席搭建的临时棚里面，整个难民区成为了芦席棚的世界。所有的公共机关和私人住宅都被难民占满，没有一丝空闲的地方。”

“日本军队刚刚进驻南京的时候，我们都以为混乱的秩序不久就能恢复，和平很快就能到来，难民也可以在不久以后重返家园过他们平常的生活。但是结果却出乎我们的意料。日军进城以后简直肆无忌惮，行动丝毫没有节制，抢劫、酷刑、屠杀、强奸、放火等等凡是能够想象得到的恶劣野蛮事件都一一实施。在现代社会里，日军的暴行超出了我们的想象，我们找不出任何东西可以超过他们。南京成为了活的地狱。任何东西都可能被破坏，任何人都可能陷入危险。日本士兵直接抢走任何喜欢的东西，不喜欢的东西就破坏掉，看见的任何妇女，遭到反抗就直接刺刀杀死或者枪毙。不愿意被强奸的妇女或者那些身旁带着的孩子都被日本士兵以刺刀杀死。一个日本士兵强奸弗兰（Fran）家里的一个女人的时候（那里共有大约150名避难者），因为恼怒旁边四五个月的婴儿哭啼不止将其活活闷死。圣经师资训练学校收容所里的一个姑娘被强奸了17次之多。后来我们多方协调交涉，日本方面派兵驻守在规模较大的收容所门口。但是那些看守的士兵也经常进收容所强奸妇女。强奸的事情层出不穷，多到我每天每夜都可以接到很多日军强奸妇女的报告，产生了许多令人难以置信的恐怖事件。”

日军用刺刀杀害中国同胞

“我们仍然对较好的日子不久就会到来而抱有希望。但是我们不知道那一天究竟什么时候才能来到？许多户人家的房子被放火烧掉了，许多店铺的房子直到现在仍然在大火中焚烧。我们每天都可以看见城里燃烧的大火。太平路和中华路之间的一片地带几乎被火烧成了一片焦土。讲堂街的教堂和青年会也被烧毁了。因此，哪怕这些难民可以重返家园，但是很大一部分人也已经无家可归了。听说新华村也遭了劫难，但是乡村教会训练所似乎还没有被破坏。”

“我们肩负着一个非常重大的难民问题，我们的收容所有6万以上的难民，整个难民区大概有15万以上的难民。我们需要给我们收容所的6万难民中的一部分提供饮食，但是我们的存粮不多，如果不能设法及时增加粮食，这些难民将不可避免地陷入饥饿恐慌。国际委员会储存的粮食也仅仅能够维持三个星期，那么三个星期以后呢？我们也不知道。我们曾跟日军商量购买他们的一些粮食，因为日军曾经没收过许多中国人所储存的粮食，但是他们显然是认为战争一时半会儿不可能结束，所以准备留着自己使用，不肯卖给我们。我每天忙着给各个难民中心分派饭食，李格斯则负责向各个厨房分派柴和煤炭，其他的一些人也都各负其责，大家协力合作，努力苦干，希望尽可能地改善现状。我们的工作进行得非常辛苦，但是我们不会退缩，因为我们信仰上帝，我们坚信上帝会保佑我们。”

“圣经师资训练学校里的三个校工和你的一个仆人询问斯密斯女士现在哪里，想要拿到他们的工钱。我跟他们说我将跟你联系。他们的工钱我会按时付给他们，你不用担心，这些钱我们以后再细算吧。眼前经费问题倒不是我们面临的主要困难，神学院的经费和各部分房屋看管人员的生活费也都由我负责。在这段艰苦的日子里，我比较欣慰的是我们所有的仆人工作都很认真忠诚，能够互相帮助。”

“今天，英国大使馆的某君将要到上海去，我托他将这封信带去。不久以后英国使馆的一些人可能会乘坐炮舰重新回到南京，若有信件可以交给英国驻上海领事馆转过来。”

“另外，不用说我们的房子（不管是中国人的还是外国人的）都遭到日本军队的搜查，虽然房子本身倒是没有受到太大的损害。日军进入南京城之前曾有一枚炸弹落在了距离学生宿舍五十尺远的地方，稍稍造成了一些损坏。书籍和一些笨重的家具损失得很少，但是一些轻便的东西像衣服、食物、首饰、被褥、脚踏车、汽车，以及牛、马、猪、鸡等牲畜，几乎被日军掠劫一空。但是这种事情说来太复杂太繁琐冗长了，也太令人痛心了，所以还是就此打住吧。”

“敬祝贵夫妇健康。

某某1938年1月16日于南京。”

第五章

恐怖的华北

上面几章主要叙述了1937年12月12日和13日日军占领南京的两天中发生的暴行，以及此后一直到1938年2月9日左右所发生的各种暴行。一方面南京是日军的主要目标，另一方面南京有包括若干国家的使馆人员在内的相当数量的各国侨民，他们始终没有离开南京，亲眼目睹了在此期间发生的各种事件，并留下了真实详细的记录，所以我采取上文所用的叙述方法。

但是，千万不要认为南京所发生的事情是偶然的，因为自从1937年夏天华北战争爆发以来，中国许多不同的地方都在发生着这样残害平民的暴行。

我不想将所有各处发生的暴行都一一进行阐述，因为如果这样写的话，本书的篇幅将难以容纳。所以我还是决定仅将各大小中心地点的一些外国人亲身经历的真实记录作为本章的主要材料，按照

日军擅闯私宅搜劫掠夺

以上几章的写法进行写作。

这些外国人几乎每一个都曾在中国侨居了好多年，有几位还曾在日本居住过。他们在信里所描述的事实只是真实地记录事实情况，准备给关系密切的朋友们传阅的，并没有准备发表。所以他们这些所见所闻形成了一幅真实而直接的画面。这些记录的真实性和公正性毋庸置疑，虽然各人都有各人的叙述特点。因为许多人现在还在原处从事着救援的工作，所以我都没有写出他们的姓名，以免被宣传出来给他们的工作和生活造成影响。

1931年9月18日，日军开出了袭击沈阳的第一枪，并最后发展到制造“满洲国”和控制整个东北。从1932年到1937年，日军对华北采取逐步压迫的方法，对平津一带尤其如此。1937年7月7日，北平近郊的卢沟桥事变的发生，揭开了日军大举进攻华北的序幕。每天都有大批的日军开进河北和察哈尔两省，到11月底的时候，出动的日军已经达到了30万左右。日军在占据了冀察两省的大部分地区以后，又向山西和山东的邻省挺进。北平和天津很快就被日军占领了，随后日军又开始攻占北平以南40公里的河北省会——保定。

下面一封信是一个中立的外国人写的，叙述了9月上旬到11月中旬山西境内的情形：

“我在9月4日离开保定前往山西平定。那时候保定已经遭到轰炸，但是日军占领保定城是在两个星期以后。到了平定以后，我和几位朋友一起住在博爱传道会里，大家决定都不走，等待日军到来。”

“10月23日，平定和山西省会太原之间的交通被日军阻断了。日军的轰炸机从25日上午5时开始就在天空盘旋，一直到下午5时。中

日军行军途中

国军队都驻扎在平定城外，所以平定城内没有落下炸弹。有许多炸弹落在了5里以外的车站，还有几颗炸弹落在了离城2里的营房。那天晚上，许多中国士兵经过平顶城，警察和公务人员却纷纷躲避起来，不知道躲到哪里去了。26日（星期四）早晨，天还没有亮，我们就听见枪炮的声音，天亮了，我们看见到处尘土飞扬硝烟弥漫。第二天（星期五）下午4点，我透过窗户看到城墙上已经插上了太阳旗，接着日军就蜂拥而入占领了平定。从那以后，我们就开始生活在日军的统治下。我们住的地方还挂着一面美国国旗，我们的房顶上油漆了一面奇大无比的美国旗。”

“无论哪个国家挑起了战争，但是战争始终是战争。我曾在一年夏天看过一本小说——《Gone With The Wind》，所以多少了解一些我们的国家在70年前所发生的事情。我们的院子里聚集了1000到1500个中国难民。那些战胜的军队占领一个地方的时候，最初的

日军在长城附近作战

一个星期里往往充满了难以形容的罪恶。难民中最需要躲藏的是那些年轻的女人。下面的一个例子可以看出日本军队是如何穷凶极恶地搜寻妇女的。有这样一家人，母亲病倒了，躺在床上不能动弹，于是把女儿藏在一口非常狭窄的木柜里。日本兵到处搜寻年轻的女人，甚至半夜也要闯进人家里看看是否有藏起来的女人从什么地方走出来。所以那个姑娘就躲藏在木柜里两天两夜。她在里面很难正常饮食，甚至都不敢自由呼吸，直到最后家人设法把她送到了一个教会的收容所。有几百个女人躲在附近的一个矿山里面。一位美国籍的看护妇救出了其中的200人的时候，她们已经饿了两天多了。还有一部分因为走漏了风声被日本士兵抓走了。我们的教会在城里设立了三处收容所，在城外设立了一处，其中一处因为不是教会财产所以不能悬挂美国国旗。有一天，2个日本士兵翻墙进入抢走了2个姑娘。幸亏C君赶到的时候日本士兵还没来得及对她们实施奸污。在最开始情形最紧张的那几天，外侨轮流在各个收容所值班。晚上的时候，我们的屋子里睡了70多个姑娘和少妇，其他外国人的房子里也一样拥挤不堪。我们既不能解衣入睡也不能安然入眠，这种情形你们可想而知。”

“平定城在日本大军过境后成为了他们的粮站和兵站，经常有许多军队来来往往。每次从前线下来的军队都要休息几天，而在这几天里日本士兵就会大肆奸淫掳掠一番。民房被日本士兵和战马侵占了，屋子里的东西只要是日本士兵喜欢的都被随便使用，家具、门窗以及其他任何木器，只要是能够点燃的东西都可能被作为点火取暖的材料。我曾视察过几家民房，除了砖墙和被弄脏的地板以外什么都没有了。第一批回来的日本士兵在城里休息了四天。这四天里，所有的书籍文件都被他们随意翻阅。他们想要什么东西就随意拿走，想伤害什么人就肆意伤害。店铺跟住宅一样被抢劫一空。如果有什么东西剩下，第二批回来的士兵一定会给拿走。无论什么人只要衣服与军服有一点点相似就会被立即枪毙，问都不问。我知道有一个人就因为穿了一件灰色的内裤就被日本士兵用刺刀杀死了。被日军抓去充当劳役的人，如果一下子猜不透日本士兵想要什么东西就会被杀掉。这样的事情简直不计其数。但是，这就是战争啊！”

日军侵入中国乡村

“粮食缺乏得越来越严重，因为日本军队霸占了一切食物。许多的难民既没有粮食也没有钱财。教会收容所里面有几百个难民的生活都是靠一个在日军控制的中国人组织的委员会维持的。哪怕有钱也会难以买到需要的东西。我们每天不得不尽量限制肉类的食品，因为猪羊鸡等家畜，有一些是被日本士兵吃了，有一些是被日本士兵抢走了。水果类的食物也都被日本士兵抢光了。相比粮食，蔬菜倒是还有一些，不至于断了供给。值得庆幸的是几个教会家庭的花园里也种植了大量的西红柿。”

“以上的事情都是在过去几个星期里我在这人间地狱亲身经历的，范围是很狭窄的。这只是一个平常的例子，在中国其他广大的地区内同样的事情还在发生着，这简直令人难以想象。我个人倒是没有受到任何危险的威胁。C君早就与日本军官建立了关系，我们还遇见了几个很优秀的日本人，有几个还曾经在美国留学。日本士兵的态度也有好有坏，这要看他到底是一个什么样的人，不能一概而论。”

1937年12月17日于北平

下面的一封信叙述了保定一带发生的事情：

“首先我要向可以看到这封信的朋友解释一下。日本军队占领保定以后，我每天都写日记并题名‘见闻录’，主要是想让我的家人看看，了解我的经历。这封信里所叙述和批评的几件事情，在我日记里面没有提到……”

“我在下面叙述的几件具体的事情，我知道得最清楚最详细。这里的统治权的变更已经过去70多天了，所以我们多少已经离开了真正的战区，那些紧张激烈混乱骚动的形势也已缓和。其实，最近两个月以来我们周围60里范围已经没有主要的战场了。”

“最近七周以来，在这里驻守的日军已经很少了，可能经常不到2000人，军队调动也不是很频繁。这里的治安和秩序都是靠宪兵队维持的。城里的警察队在日军占领保定不到一个月就成立了，并且数量还不少，直到现在还存在着，所以城里的居民仍觉得和平时一样安全至少大部分时间是这样。但是前几天还是发生了一件事情，听说类似的事情在其他地区很常见。事情是这样的：一户殷实的人家主人已经逃到其他地方去了，只留下仆人，还有主人收藏的许多珍贵的古玩和各种字画。3个日本兵闯进了家中，并且毫不客气地拿走了自己喜欢的东西，然后扬长而去……”

“我们曾经在附近的村庄促成了一个合作社，这个星期初的时候，我们派一个职员去访问这个合作社的办事人员。日本士兵抢占了村庄里的几家民房，晚上的时候，如果日本士兵去敲门村民没有立即去开门，他们就破门而入。前一天的晚上，日本士兵曾拿着手电筒挨家挨户搜查女人。也是在那一天，另外一个老百姓因为交不出女人来，结果惹怒了日本士兵而被活活打死……”

“冬天的时候普通人家大多数用树叶、枯草和谷杆当作燃料，很少用木柴。但是日本士兵却到处寻找木柴烤火。可以当木柴的散乱木头用完了，日本士兵就把门、窗户、家具、农具甚至房屋的房梁拆了当作点火的燃料。今天，收容所的一个女人一边哭一边说，她的一架织布机也被日本士兵拿去当烧火的木柴了。她说：‘我是靠织布机过活的。’本地教会在街对面有一个院子，院子里有一所30年前建成的半西式的房子，门窗上的镶板都非常精致。前天，日本士兵拆掉了两扇窗户，其他的几扇窗户因为固定的螺丝生锈了拆不动，于是就敲掉一些镶在上面的镶板。昨天的时候我们将剩下的那些窗户拆了下来，移到了我们自己的院子里。也就是在昨天，几个日本士兵翻后墙进入了我们院子里的小天井。等到我们发现的时候，他们已经将一棵直径5寸的树锯断了。这件事情以后，我的美国朋友去招呼他们的时候，他们好像有些不好意思……”

“对这些事情，我没有进行任何加工处理，把它逐渐推向高潮，只是想要真实地记录这次战争带来的一些后果而已。这个时候我又听到了一个真实的故事：在离我们不远的南面的院子里，日军士兵将3个房客毒打了一顿，将其中一个人的牙齿打掉了，将另一个人的腿打伤了不能行走。原因是这三个人偷偷放走了他们的女人。”

“上面的这些事情真的是任何战争都会导致的后果吗？战争可能会将这个情况变得更坏！但是日本人说过发动这次战争仅仅是为了解决‘华北地方事件’吗？虽然到现在为止仍然没有正式宣战。但是无论怎样，战争还在持续，‘中国问题必须从根本上解决’。而且据说这仅仅‘只是两个国家之间的事’，第三方不能任意加以干涉。所有的解决办法都必须根据‘停止反日宣传和反日行动’以及‘共同防共’的承认。日本现在正在使用多么好的方法来获得中国民众的宽恕啊！难道日本军队对心理学都完全不去研究吗？不管是理论上的或者实际上的都没有吗？”

“我不愿意诅咒整个日本军队，也不愿意用这些词语来诅咒整个日本民族，我没有一点这方面的意思。我们听说和亲眼见到的一些日本士兵和

日军在河堤旁行军

军官曾表现出善良和同情等人类的美德。我也可以举出许多例子来。日本军队中曾有几个人亲口跟我说不喜欢打仗，但是‘我们必须服从命令’。这句话已经非常明显了。他们是被一些制度约束，完全没有了自由，是被迫参加战争的。他们既不知道战争是为了什么，也不知道战争的结果会怎样。老天啊，可怜可怜这些人吧！可怜可怜这个被战争魔症所折磨的旧世界吧！我们这些基督教徒难道真的没有办法挽救这场疯狂的战争吗？我们到底需要努力到什么程度呢？”

“这封信主要是想给几个特别亲近的亲人和朋友看的。我希望你们不会因为这封信而产生仇恨，但是我希望你们在遇到虚伪的宣传的时候能够因为看过这封信而更加仔细地考虑，并且能够反驳……”

1937年12月10日于保定

上海教会曾经收到一份名为“1938年2月之华北现状”的机密报告，是一位美国老教士写的。下面的几段是从该报告上摘录的：

“2月16日，《平津泰晤士报》曾刊载了该报主编潘纳尔的一篇文章，题为《空前的混乱和无政府状态》，非常详细具体地叙述了平津一带的状况。远东事件（Oriental Affairs）一月号上也曾刊载这篇文章。文中所叙述的各个要点大部分还是真实可信的。唯一不同的地方如果借用爱尔兰人表达真相的说法就是，在一些地方‘无政府状态’已经形成了组织。换句话说就是在那些中国政府机关已经宣布撤离的地方（实际上只是撤离了铁路线附近和有日军驻守的少数城镇）已经有了一些新的势力取而代之。新势力大概可以分为下面三种：第一种是只顾及自身利益的土匪帮派；第二种是具有社会思想的集团，比如复兴的红枪会等，在山东地区最为活跃，在河北南部也有发现；第三种是中国的流动部队，有些与著名的八路军有组织上的关系，有些则没有。这三种势力为了彻底反日而联合起来。但是第一种的土匪帮派经常被第二种和第三种势力收服或消灭，而第三种势力的那些中国的流动部队却有着吸收和兼并第二种势力的趋势。”

“这三种势力目前给占领区内的日军造成了很大的困难。民间已经有许多他们的事迹流传，如果这些故事大部分都能够保存下来，足以成为写出一部新三国演义的素材。平汉路沿线的日军已经对这些势力感到了恐惧。保定的日本士兵在黄昏以后再也不敢离开他们的营房太远，这也使老百姓心里惴惴不安的情绪得到了一些平复。听说T县的日本驻军曾三次被突袭消灭。”

“日本军队在遭受打击以后常常对附近的居民采取报复手段，这是最悲哀的。还有一个就是，T县的日本驻军被流动部队袭击以后，他们就用洋商经理处栈屋里的煤油或汽油活活烧死了许多的老百姓。”

“一个在山东服务的教会团体的司铎在我离开北平的前几天也赶到了北平。根据P博士说，他曾经报道过发生在他们周围的许多日军暴行，与南京方面泄露出来的情形简直就是完全一样。侮辱妇女这样的事情不只会发生在住宅和院子里面，在街道上也随处可见。有一次曾有一个日本官员因为这个殴打了一个外国牧师。在11月，山西方面的日军已经不再前进，部队先锋抵达平遥南部，距离太谷大概30里。半独立的流动部队和直属八路军的部队控制着两边的山地。他们不断地袭击使日军逐渐陷入不安状态。日军也因此经常对留在作战区的可怜的老百姓采取报复行动。”

“有许多中国人的财产都受到不必要的破坏，因为日本兵不懂得使用煤。日本兵显然不知道除木料之外还有其他东西可以引火，即使有大量存煤，他们也丢在那里不去使用。于是他们毫无顾忌地向各村镇搜寻木料，根本不考虑木料的来源。所有木制的东西，包括门、窗、木柱、木筏、桌子、长凳、农具，以及各种木料，都被日本兵抢走当作煮饭或取暖的燃料。保定一个城门口，整天整夜的燃烧着大火。日军能够得到的任何木制的东西，都认为是合法的引火的材料。”

“我离开北平的前一天，听到了一件非常残酷的事情。离保定不远的铁路旁突然出现八路军某部队，他们召集了附近村庄上的老百姓破坏路轨。破坏路轨的结果非常圆满，石家庄和北平整整有六天没法通车（我们是从法文北京纪事报上看到这一件事情的，但在两天以前新政府的外国文机关报还完全否认）。后来路轨修复以后，一队实力相当雄厚的日军开到出事地点。他们先抵达了一个村庄，刚开始的时候好像没有什么特殊的目标，但是不久以后他们却围捕了200个男子，拖去枪毙。过了一段时间以后，惊慌的老百姓逐渐回

日军在做攻城准备

到了家中。日本兵却又突然出现，捉去60个强健的壮丁。听说日本兵本来是要将他们烧死的，但在准备行使火刑的时候出现了混乱，有人乘机松绑才使大家脱逃。于是日本兵又抓走了许多老人代替那些壮丁……”

“据报告者说，他乘平汉车转向北边的时候，看见铁路旁的一个

日军占领后狂欢

庄子，正燃烧着熊熊火焰。四周的日本兵包围着庄子，一旦庄子里有人逃出来，就开枪射击。经过详细地询问以后，我有一位关系很好的中国朋友（过去七年内我们的关系一直保持得很好）确信那一个庄子是他的岳父母和其他亲戚居住的庄子。某国使馆人员也接到这样一个报告，据说在那一带铁路附近所有的庄子，都被日军放火烧毁掉了……”

第六章

黑暗阴影下的城市

1937年8月9日，一个日本军官和一个陆战队队员在开车前往上海西郊虹桥中国军用飞机场附近的时候被刺杀身亡了，于是中国和日本在上海和扬子江三角地带开战了。

中国军队在8月的时候主动进攻，希望把日军赶出公共租界的根据地，但是却失败了。中国军队一边多次转移阵地，一边与日本海陆空军的主体力量继续战斗，一直到日本军队差不多完成包抄形势的时候才不得不在11月14日从上海附近撤退。中国军队虽遭失败但是依然英勇顽强抗战成为扬子江地区战争的特点。

日本军队在占领了上海、苏州、杭州大片面积内的主要城市和交通要道以后又继续推进，并且在12月13日占领了国民政府的首都南京。

日军侵入中国城市

这一章搜集的几篇报道真实地描写了日军在中国推进后所造成的悲惨局面。日军快速向前推进，穿过了中国人口最稠密、地方最富庶的一片区域，他们所过之处生灵涂炭，精华被毁。

一位外国观察家曾多次去过那些地方，不仅是在占领之前，占领之后也多次去过。根据他保守估计，这一次的扬子江三角地带的战争至少造成了30万中国平民死亡，其中一部分是被日军残忍屠杀的。他说，日本士兵强迫老人和孩子搬运那些远远超过人力可以承受的很重的东西，等那些平民没力气再支撑下去而倒地的时候就将他们用刺刀杀死，将尸体扔到路边的小沟里。日本士兵甚至对已经死亡的人的尸体也加以虐待。他们将路途中许多中国人的坟墓挖掘出来，将棺木烧毁。根据他的观察，他认为日军在向南京推进的过程中曾实施了一种有计划的恐怖政策。

一位英国记者曾到松江（上海南30里）视察并在1月14日发电报给伦敦，报告他视察到的情况，具体报告如下：

“戈登将军指挥常胜军的时候曾在松江这里设立了总司令部，这里曾是沪杭路上的一个繁华的县城，但是现在却遭到极度破坏，满目荒凉。与其临近的城市几乎没有一间房子是完整的，都已经被轰炸毁掉了。这真是可怕的情景啊，到处残垣断壁，遍地焦土灰烬。能看到的生物只有野狗，它们所呈现出的不自然的臃肿，就是因为吃了太多的死人肉。以前的松江全城可是能够容纳10万人左右的居民，现在我却只看到5个中国老人。他们已经断了粮食，躲在一个法国教会的房子里流着眼泪。看到我以后，他们恳求我将他们带到上海来。”

“松江的情况也可以在一定程度上代表着上海与南京之间这大片繁华的三角地带内的整体情况，也表示这是目前历史上一次最大规模的人口迁移。事实上，已经有几万几十万乃至上百万的中国人离

日军骑兵进入一片废墟的城市

开了这一片区域，但是没有人能够回答：他们现在不知怎么样了？从上海到松江的这30里路程内，简直就是一片沙漠，只有一些成熟了却没有收割的稻子倒在稻田里发霉，沿途的所有景色只是焦黑的废墟和被毁掉的村落，而那些无知而悽惨的臃肿的野狗仍然逗留在原来的地方。”

“我在路上遇到了许多满载而归正开回上海的日本军队。那些日本军队用战马拉着黄包车，车上堆满了箱子和皮包。日本士兵骑着驴子、黄牛甚至水牛，劫掠队一路抓获的大大小小的鸡也都随军带着，活着的猪却被绑在了炮架上，这一切看起来非常滑稽。在一个地方我甚至看到日军大批的辎重车辆和几尊野炮，还有几千箱的被日军喝光了的空啤酒瓶子。”

中国有句俗话说，“上有天堂，下有苏杭”。苏州是京沪路上的一个风景秀丽的城市，被称为中国的威尼斯。苏州平常人口大概有35万人，距离上海大概50里，除了铁路以外还有几条新修的公路可以到达。所有来中国做短期旅行的外国人几乎都知道苏州。中国军队撤出上海附近以后，没有怎么设防的苏州也在1937年11月19日被日军攻占。

下面的一篇报道是美国人写的，描述了关于苏州的一些情况。这篇报道原文刊登于1938年3月19日上海的《密勒氏评论周报》增刊“中国之毁灭”号。报道的时候曾刊登过编者这样的按语“本文作者侨居中国35年，姓名不便宣布，他的报告非常真实，因为他亲眼目睹了日军恐怖残暴的行为”。原文如下：

“日军飞机于11月的第二个星期开始向苏州市区投掷高爆炸弹，于是居住在这座美丽古朴的苏州城的35万居民开始了悲惨的生活。他们都成为了无法挣扎的可怜虫，因为他们无论年老的、年轻的和残弱的，都要面对那些令人厌恶的野蛮势力。”

“大量的炸弹从天空而降，撞到地面然后剧烈爆炸，被炸的肢体、粉尘、砖石和泥灰好像一道道瀑布一样不断飞腾，景象骇人至极。那可怕的疯狂的场景让我们不敢正视不敢回忆。日军的飞机整天都在头顶的天空盘旋，然后投下一个个死亡的礼品。”

“在轰炸开始的最初几天，惊慌失措的苏州居民大多数都躲避在防空洞里面。后来空袭的次数实在是太多了，所以我们就讨论是继续躲在防空洞里面还是冒着生命危险正常工作，后来我们决定照常工作。”

“日军11月9日散发传单，提出警告说三天以后将对苏州全城进行更加猛烈的轰炸。真的可能有更猛烈的轰炸吗？我们现在已经生活在活生生的地狱里面了。古老的苏州就要被毁灭了，这是一个警告，让我感到现实的可怕，让我没法用言语来形容即将到来的悲剧。看着大大小小、男男女女、成群结队的老百姓带着很少的行李被迫离开他们的家园，我感觉万分悲凉，我无法用言语告诉你们我的感受。”

“大部分的难民都必须步行逃难，因为民船、黄包车和其他车辆都已经没有了。我和另外一个同伴曾在事前从中国军队那里得到两艘民用船只。11月12日的晚上，我就想办法用汽艇将第一批难民运往广福。接着我立刻返回苏州，想运送第二批难民。结果两只民船又被中国军队扣留了，只剩下一艘汽艇。我的同伴又用汽艇和其他朋友一起向广福出发。”

“我和朋友错过了进城的时间，所以我们只能在城外一个偏僻的医院里过夜。这一夜也正是日军飞机大举空袭的一夜。只有上天和那些没有来得及逃出城外的人才知道那一夜的恐怖情形。日军飞机先向全城和城郊投放了照明弹，然后再以急速的飞行投掷炸弹，死亡极速扩散。没有人能够知道这个不设防的城市被日军投下了多少炸弹。整整12个小时，炸弹像下雨一样落下。我的朋友们都睡在地板上。比较奇怪的是我觉得床底比较安全，所以有几次我躲在了床底下。”

“天一亮我们就进城了，映入我们眼帘的死亡和毁灭真是无法用笔墨来形容。我们的心里难过极了，心里沉甸甸的。唯一让人感到欣慰的是一位中国牧师带领着1000名难民前往广福去。小孩、老头儿、老太婆、跛足的和被炸弹炸伤的残废的人，跟随着牧师缓缓而

城市被日军轰炸之后的惨状

行。这是一种多么悲状的景象啊，两天内有5000难民被从苏州转移到了广福。”

“我也去了广福，直到11月21日的时候才重新返回苏州。我和同伴在回来的途中必须非常小心以免踩到尸体，因为到处都是尸体，散布在田间地头、堆积在道路上。等我们到达苏州的时候，日军的抢劫行为已经非常猖狂了。但是教会的财产倒是幸免于难。从那天开始一直到12月11日，我们每天都要来往于苏州和广福之间。每一家银行、每一家店铺和每一处住宅都门洞大开，我们看到日本兵好像一群群蚂蚁，背上拖着一捆捆的丝绸、鸭绒被、日用商品和各种家具，进进出出，川流不息。”

“但是有一次我们发现教会的财产也遭到了劫掠。一座房屋的前后门和侧门都被撞开，学校教室和宿舍的大门也都被斧头和刺刀毁坏了。所有的房间、各式各样的箱子匣子都被搜索一遍。地板上随意丢弃着那些日军不需要的东西，凌乱不堪。我的房间里到处都是摔坏的杯子盘子，显然都是被他们摔碎的。一个朋友家里的钢琴被毁坏到不能修理的地步。”

“还有一次我去晏成中学去查看校舍。日本士兵不知道我会去那里，结果在学校里被我撞见。那些士兵正在费力地打开一个保险箱，一个士兵用鹤嘴锄要砍开柜门，有几个士兵甚至想把保险柜整个砸碎，还有几个士兵正在搬动校长和教务长办公室里的桌子。当我去别的地方找翻译的时候，他们便带着工具扬长而去。如果再过一段时间，保险柜也许就被打开了。”

“离开学校的时候我们听到了教堂里传来的音乐声。走进教堂一看，一个日本军官在弹着钢琴，几个日本士兵正在搬会议室里的桌子。我怒斥那个军官不应该放纵士兵到教堂来劫掠，他向我致歉后便离开了。”

“第二天早晨我们再次来到晏成中学的时候，发现那个保险箱终于被日本士兵打开了，他们抢走了大概400块钱。庆幸的是发薪水的信封里面装着的300块钱被那些匪徒扔到了地上，大

日军侵略军，一副得意的表情

概是被当作没什么用处的信件了吧。同时，根据我们调查，其他几处教会房子里面的保险柜和银行商店里面的保险柜都被日本兵破坏掉，将里面的东西掠走了。日本军队所声称的‘好纪律’，简直就是滑天下之大稽。”

“其实，对于日军在苏州进行的大规模劫掠行为，我们应该谴责的是整个的日本军队而不是个别的士兵。为什么要这么说？因为如此数量的赃物不是个别士兵可以随意带走的。事实上我们亲眼目睹他们的军用卡车装运许多赃物，有一辆停在日军司令部门口的军用卡车，上面装满了中国红木家具。”

“日本占领苏州以后，我们第一次回去的时候看见街道上到处都是尸体，而那些尸体在街道上足足放了十天。后来我们再到苏州的时候发现野狗都胖了很多，显然是啃食尸体的结果。建筑物的损毁也非常严重，损失总额超过了百万元以上，让人感到可惜。”

“上面叙述的这些虽然让人感到惊骇，但是最痛心的事情还不是这个，而是日军侮辱各个阶层的妇女。没有人能够估计出到底有多少妇女遭到了那些兽性勃发的日本士兵的奸污。我相信我接到的一切报告都是真实可靠的，因为我自己就知道许多次强奸的事情。不过我们也用不着估计到底有多少，因为对于这种滔天罪恶来说，9500次和9600次强奸能有什么区别？有一天早晨，我在广福碰到了一个东吴大学的学生，他含着眼泪告诉我日本士兵强奸了他漂亮的姐妹。我还看见一队武装的日本士兵把许多乡民驱赶出来，只留下了他们的老婆和女儿，那些乡民又气又怕坐在路边发抖。”

“那天晚上，我觉得自己似乎做了一件好事。有一个中国人来恳求我到他家里住，以便保护他的女儿和几个避难的姑娘，我答应了。夜里11点左右，手电筒的闪光将我惊醒（电光从门上的小窗照进来的）。我耳边传来一个人的低语：‘日本兵来了’。我拿起手电筒就冲进了隔壁的房间。我看见3个日本士兵正在用手电筒照着睡在地板上的10多个姑娘。日本士兵对我的出现大吃一惊。我们大声呵斥这些匪兵，他们就匆匆下楼了。在这紧张的关头，主人一直在我的身旁。”

“我必须将下面的这件事情说出来，要不然我会良心不安。如果有人相信入侵中国的日本军队是为了让中国人民过上更好的日子，那么请他去看一看南京到上海之间200里范围内的情景吧，请他去看一看那让人无法相信的荒凉和破坏的景象吧。六个月以前，这一片地区还是地球上人口最稠密的地方，是中国最繁华的地方。”

“但是现在，如果有人去看一看，看到的只是被轰炸得千疮百孔的城市、化为灰烬的乡村和小镇、荒芜的农田，只有偶尔几个老头儿和老太婆还在凄凉地耕种着没有被破坏的田地。牲口有些被杀掉了，有些被抢走了。只要是配备着现代武装的野蛮军队能够实施

图为国民政府所在地遭日军抢劫后一片狼藉

的所有的破坏行为，日本军队每一样都没落下。”

“那些被迫离开家园的老百姓，他们现在到底在哪里呢？无数的老百姓被杀害；许多人受伤了，留下终身残疾。还有许多人在收容所苟活，或者躲藏在山洞里。田园荒芜了、店铺也一无所有、所有的营生都被破坏，他们不敢再次返回那些地方，就算有人敢回去，那些疯狂的日本士兵也不让他们回去。”

“日军控制着交通线，虽然上面发生的种种事实历历在目，日军却还在向全世界宣称他们正在让中国人民重返家园，去过和平而幸福的生活。这是多么无耻的欺骗啊！”

芜湖距离南京58里，距上海263里，大约有14万人。芜湖是扬子江流域一个相当繁华的商埠。一直以来，芜湖也是一个重要的教会中心。1937年12月10日，也就是在南京沦陷的三天前，芜湖被日本人占领了。一位外国传教士在下面的信件中描述了日军占领芜湖后一直到1937年12月30日的情形：

“自从战争扩展到芜湖境内以后，你们一定会很担心我们，就像我们很担心你们一样。我简单地将芜湖发生的一些事情跟你们说一下。我就从12月5日开始说起吧，希望这些简要的叙述能够让你们知道我们在这段艰苦的时期所生存的环境。”

“12月5日是星期天，我们都正在教堂做礼拜，突然听到天空中飞机的声音，这已经是习以为常了，接着就传来连续的可怕的爆炸声。于是我们大家都一起站起来了。当时我们觉得不用慌张，只是打开了窗户。我们又继续进行礼拜仪式，十分钟后又听到了更多次更加可怕的爆炸声。我们走出教堂，发现怡和洋行的一只船正在燃烧，火车站附近好像也冒着滚滚浓烟。几分钟以后飞机好像要离开了。我准备将汽车开到门口，结果却找不到飞机了。我只能亲自开车带着一个职员前去。在飞机离开的半个小时内，我们赶到了江边马路上，将受伤的平民分批送进了医院。这一次破坏的情形非常严重，因为大家都没有丝毫防备。已经死亡的人和马上就要死的人到处都是。我们来到英国炮舰的时候才知道许多弹片击中了这艘炮舰，舰长巴洛（Barlow）也受了轻伤。水兵们忙着抢救那些落水的受难者，然后由舰上的军医进行初步治疗。一艘英国的海军曳船正在并舷靠近着火的德和轮行驶，水兵在帮忙救助船上的旅客。太古公司的一艘大通轮正好也开到了船身附近准备救援，但被弹片击中，幸好没有着火，于是赶忙驶向了江对岸。从整整一个下午到晚上，到达医院的受伤者有100人，其中80个人需要住院治疗，医生一共做了30多次手术。”

上海被日军轰炸之后的惨状

“我们的日子从12月5日以后就变得非常紧张。这里连续三天遭到日军的轰炸。每条道路上从早到晚都挤满了四处逃难的老百姓。一幅幅悲惨的景象从我们眼前闪过。全家大小都携带着随身的衣物，大人们背着或者肩挑着孩子，满脸忧愁，形成了连绵不断的队列，一路逃亡到大山或者荒郊野外……”

“12月10日以后，占领芜湖的日军数量逐渐增多，他们开始在铁路江边和太古公司江边等地构筑炮兵阵地。日本兵对那些没有来得及撤退的少量中国士兵和在行动上稍有不满的平民都是极尽残暴之能事，只要看见有任何民船或者舢板往江对岸去就会用机关枪扫射。医院前的岸边漂来的一艘船上，有3个人都受伤了。将他们带到医院治疗才发现，一个人身上中了10颗子弹。”

1937年12月17日于芜湖

“整个12月份我们每天都生活在紧张、困难和随时面临危险的环境里，但是一直到现在我们医院基地里的1400名难民（他们相信我们能够保护他们）仍然安全。日本士兵经常穿过院门或者翻墙而入，这1400名难民只能拥挤在容纳400人的空间里。我们每天都要照顾他们的吃住、卫生和社会秩序等各类问题，所以我们必须充分利用我们的机智、耐心和勇气与日军周旋，以保护他们的安全、维持他们的生活。”

“我在中国20多年中经历的任何事变，都没有日军占领芜湖后一个星期里对平民的暴虐屠杀和对住宅肆意抢劫破坏那样严重。芜湖外侨的财产没有受到中国士兵的侵扰，但是却没有逃过日军的劫掠。日本士兵闯进外侨的住宅肆意掠夺。有两三个地方因为有几位美国人看守才幸免于难。”

图为日军强行搜查过往行人，凡值钱东西均被抢走。

“这期间并没有经过激烈的战斗，所以芜湖的情形也许没有其他地方那样严重。在许多天里救护妇女成了我们主要的活动之一，因为日本士兵似乎专门搜索妇女，并且加以污辱。只要听说哪个地方有妇女藏匿，我就马上开车出去寻找，不敢有片刻迟疑。有几天我甚至来回四趟去找到年轻的妇女和姑娘用车拉回来。哪怕我们的汽车从来都没用过，这几个星期里所发挥的作用也超过它的价值了。我特别想用什么方法来向现居密歇根州阿尔坪（Albion）和安亚波（Arbor）的朋友们表示感谢，因为这几辆汽车是他们临走的时候送给我的。如果没有这几辆汽车，我们根本就没有办法救助那些妇女，也没有办法运送一切生活的必用品。”

“我常常与日本军事当局和最近来到芜湖的日本领事沟通。他们明确表示会坚决保护美侨的生命财产安全。而我则利用我所能够利用的一切力量和影响，让他们约束士兵，善待中国平民。他们也明确表示他们已经禁止士兵侵害中国人或者强迫中国人服役。大部分的军官也都希望这样的暴行不再发生。可是虽然这样说，但是中国人特别是妇女走在大街上仍然很不安全。两天前，我让医院的两个杂役到大街上去试着走一走，结果他们身上的钱财被抢光了，还被迫充当了夫役。我立刻给负责指挥的长官写信抗议，他回信道歉并且归还了抢走的钱财。但是那些不受美国医院保护的人绝对没有任何机会挽回损失。”

“12月13日，医院的一艘船上面的美国旗被日本士兵扯下了。我马上赶过去，用竹竿从水里捞起旗子，并且带着那湿漉漉的旗子去找日军指挥官。我也向驻上海的美国当局报告了这件事和其他的一些事情。自从巴奈号惨案发生以后，日本人好像非常想让美国人满意，所以日本海军、陆军和领事馆方面都派代表来道歉。有几个曾在巴奈号炮舰上受伤的美国人和中国人也在我们的医院治疗。”

“做棺材的木料都已经用完了，医院雇佣的工役又因为外面不安全不敢出去掩埋尸体，所以太平间里已经堆积了许多尸体。最后我们不得不在医院基地挖掘了一个大坑埋葬了20具尸体……”

1937年12月30日于芜湖

杭州被称为“湖滨之城”，是中国著名的风景区之一。平常人口有80万之众，相传马可·波罗曾到这里游览，1937年12月24日上午8时左右，以藤井部队为先头的日军攻陷了杭州。实际上，杭州当时就没有中国军队的防御。某个西方人没有离开杭州，他写信给海外的朋友述说了当时的情形，下面的几段是从他的信中摘录的：

“各位朋友：11月初，日本军队没有遭到任何抵抗便从杭州湾登陆了。中国军队在上海战区遭到日军的包抄，而浦南没有可以设置防御的设备，因此中国军队被迫撤退，一直到日军11月占领南京以后，撤退的形势才算终止。我们今天听说中国丢了一座城，明天听到中国又丢了一个镇。所以大家觉得只要日本想要占领杭州，那也是有可能的。”

“12月19日，谣言传得很火，听说接到无线电报告，浦南的中国军队按照原定计划完成撤退以后又开始与日军奋力战斗。但真相到底是什么样的，大家都不太清楚。一直到有一天，杭州附近所有的公路铁路上的桥梁都被炸毁，省政府主席、市长和其他官员全都撤离，答案才揭晓。12月22日中午以后，钱塘江大桥和最新式的电厂也被炸毁，爆炸声非常大，当局曾在事发前发出了通告。自来水厂的机件也都被拆除破坏掉了，夜里的时候警察撤走了。12月23日早

在乡村中行进的日军坦克

晨，当我们睁开眼的时候，杭州已经成为了一个无所防御的荒凉的城市了。”

“我们在以前曾跟中国和日本双方讨论过和平占领杭州的计划，照现在的情况来看，这个计划似乎成功了，除了一些难民遭受抢劫的事情。因为我们当时认为：‘我们将受有新式装备和有纪律的军队统治了，杭州哪怕是处在军事占领的状态，我们觉得一切都会像平常一样。’”

“12月24日，日本军队进入杭州时都是稀稀落落、零零碎碎的部队，既没有军事纪律也没有军事上的警戒，显然他们知道不会遇到任何抵抗。从12月24日开始，日军更像散步一样三三两两进入杭州，枪倒背在身上，不做侦察也不做任何准备，什么都没有，就这样进入了杭州城。一小队一小队的日本士兵逐渐出现在街道上，精神疲乏至极，来来往往搜寻食物！”

南京收容所的儿童

“当日军联队长进入杭州以后我们就去拜访他，并且表示愿意跟他合作。他向杭州的老百姓征集粮食，但是由于过去两天已经出现抢劫事件，所以征集起来非常困难。我们正和联队长交谈，就听到日本士兵枪杀两个平民的报告。事情是这样的：一个人不懂日本兵说的话和写的字，转身就跑，因而被枪杀。还有一个人看见日本兵就逃走，听说这个日本兵是可以讲中国话的，他说了一句‘这个人想逃走’，然后就开枪射击了。”

“但是，我们仍然希望这些事情只是单纯的偶然事件。晚上，我们入睡的时候还认为长期的紧张局面终于过去了，冒着生命危险继续救护难民的坚决主张总算有了回报，我们只要适应了日本的统治就可以在一个和平安全的环境里继续照常工作了。我想起了1926年圣诞节的情景，那时候我们住在某个省的一个旧房子里，北伐军占领了那个地方，我们以为我们自己、我们的儿女以及一般的基督教徒都会经历一个艰苦的时期。但是幸运的是，北伐军的一位指挥官是基督教徒，所以我们不安的情绪慢慢放松，恐慌的心理也渐渐消除了。可是，这一次，我们对和平的希望却是令人非常痛心地破灭了。”

“圣诞节的早晨，我们还满怀希望。教堂里7点钟的庆祝照常进行。8点钟，我们在医院里举行了圣餐仪式。9点钟，英侨为亚细亚火油公司的病人和另一位英国人举行了庆祝。10点钟的礼拜跟平时一样也有许多人参加。”

“但是当我从教堂出来回医院的路上，我就开始了怀疑。军队在街道上游荡，一点儿秩序都没有，大部分士兵把枪扛在肩膀上，一副没精打采的样子（就像是行军十天的步兵）！我走到一条直通医院的街道的时候，看见一个长相凶恶的日本人正在用挖战壕的工具撬着沿街商铺的排门，全部都撬下了，对面街道上显然也有人在做着同样的勾当。于是，全城范围内抢劫掳掠的暴行开始了。昨天的时候我们中的几个人还以为我们设立的收容所也许用不到了。但是今天开始，我们的收容所就开始涌入了大批惊恐的妇女和她们的孩子。日军要扰乱钱塘江对岸的中国军队，所以整天都有飞机在天空盘旋，重炮也连续轰击了许多小时。”

“真正的守护工作从12月26日开始了。圣诞节以后，医院房子的四壁上曾经传来沉重的撞击声，让我们感到有些不安。26日早晨，我就和史多敦医生（Storton）到医院周围巡视，看看有没有需要加强防御的地方。当我们走到医院东北角的时候，碰见几个妇女，她们向我们恳求，希望得到我们的援助。我让她们去设在蕙兰中学内的一个红十字会收容所，只要走十分钟就到。她们语气十分肯定地说红十字会不肯收留她们，我答应带她们一起去。于是她们便到处召集亲戚朋友和孩子，这里等一下，那里等一下，一下子聚集了一群妇孺。我领着这些妇孺，穿过街道，通过日本兵的岗位，来到了蕙兰中学。惠兰中学门口正聚集着大约100名难民，嚷嚷着要进收容所。”

“我让看门的中国人开门，放我领的40个左右难民和挤在门外的难民进去。看门人说：‘我不能开门，里面已经容纳不下了。’我对他说：‘岂有此理，妇女一定要进去。请克兰登先生（Clayton）出来。’克兰登是管理这一个收容所的美国教士。他出来以后告诉我，学校原来计划收容1000人，现在已经收容了约800人的难民，所以干脆让这一批难民进去。看门的中国人说开门的时候要小心，否则门外所有难民，都将一哄而入。我便对那些难民说，门外的女人和孩子都可以进去的，但收容所只收容女人和孩子，男人必须让开，站到对面去！他们都十分配合，愿意听从我的吩咐。大概有90个妇孺进入了学校。这是我第一次的守护工作。在这以后的几天里，我每天都要领那些因亲自经历的、看到的或听到的各种事情而惊恐不安的妇孺去收容所，每天总有两三次，每次10人到20人不等。这些妇孺大多数都是在医院那里聚集起来的。12月24日，我们关起外面的大门，让外国人轮流看守。最开始的两天是我值班的，赫陶医生（Phylls Haddow）和加纳脱女士（Garnett）帮了我许多忙。加纳脱女士后来一天到晚守在门口，决定谁可以进谁不准进，成为了守门大将，足足坚持了两个星期。26日上午9时，我走到前门的时候，看见大批的难民像潮水一般涌入医院要求避难。我立刻关上了大门，将他们分离开来，男的大多数都让他们赶出去，女的则集合在前门边院外病人的讲道所里，然后由我领她们到难民收容所。当时情形非常凄惨，有可怜的母亲带了几个孩子，有的抱在怀里，有的牵着大人的衣服蹒跚而行，成年的姑娘携带着被褥衣服和家用杂器等等

1937年，国际安全区内位于上海路和中山路交叉口的一个难民收容所。

的大包小裹。一步一步慢慢向前，每隔几分钟都要停顿一次，免得中途失散，慢慢地经过一条条的街道。一路上遇到了许多日本兵，虽然日本兵不一定会侵犯或者骚扰她们，但只要有日本兵出现，她们心里就十分恐惧！”

“聚集在各收容所门外要求保护的惊恐不安的妇女，一天比一天多。两个最大的收容所只能收容1000难民，都已经增加到了1500人以上。因此收容所里的情形不难想象。比如弘道女校收容所，难民已经挤得满满的了，几乎连平躺着的空地都没有了，但仍然有一批批的母亲、成年的女儿和小孩子们涌进去。结果三层宿舍楼所有的卧室、走廊、甬道、阳台、扶梯边都挤得水泄不通，大健身房的水门汀地板上也挤得密密麻麻。她们整天整晚都在那里，坐、吃、睡都在那里。任何人如果亲眼目睹这种情景，都会反对战争，反对战争带给人类的痛苦。但是收容所里的人还是幸运的！她们都吃些什么呢？一天只能吃一顿饭，这还是费了很大的气力！她们的卫生状况又是怎样的呢？多亏了中国办事人员的热心努力，而且那些中国妇女也很明白事理，才能够勉强忍受下去。我们原来打算四天以后就会想出办法，可是到今天为止，她们已经这样生活了35天了，但她们还是不能安全回家。”

“我们对日常的工作进行了明确的分工。史多敦医生专门负责外面救护难民的事情，对于医院以内的事情一概不管，医院里的汽车和救护车归他使用。下面这些事情都是他完成的：12月27日上午9时，城隍山女修道院传来消息说日本兵已经进入修道院，威胁着妇女，‘广慈医院方面是否能够相助？’恰好当时有一位日本军官到医院来，史多敦医生便和日本军官一起乘坐救护车前去，把日本兵赶出去并且把妇女送往2里外的仁爱医院。午后1时45分，天主教堂也打来电话‘广慈医院能否相助？’（杭州电话线已断，但广慈医院、天主教堂、之江大学及松木场广慈分院的电话线，被设法保留了下来，而以广慈医院为中心）。史多敦医生又与日军军医官田中立刻出发，原来台模尔主教（Dermies）被一个酒醉的日本兵打了嘴巴，并且被他用枪刺威胁。田中下车后，就把日本兵赶走了。接下来，史多敦医生又开着救护车到另一个地方去装柴（希望8点钟不会被日军搜索队‘征发’），给某一个收容所送米，替医院取煤，或把我们送到六个值班的地方。为了这种事情，我们中的每一个人随时都要出去协调，不过史多敦医生专门负责这方面。医院内的日常工作由赫陶医生负责。从难民收容所移到产科部来生育的许多婴孩由寇蒂斯夫（Mrs. Curtis）照顾，加纳脱女士则忙着管门。看护班的学生仍然照常上课听讲，治疗和看护伤兵、难民、婴孩等医院的工作，都日夜照常进行……”

“我在前面曾提到过火警。在这里我要先讲一下医院的位置。

图为南京安全区国际委员会解散后，最后一批难民准备离开难民营。

我们的医院在城中心，南面是相当宽敞的马路，马路对面有许多幢陈旧的房屋，东西北三面都是老式的街道，这三面所有的房屋大部分都是木板和灰泥建造的，都破败不堪了。我们在这一片区域有不少房屋，所以，你们可以想象，火灾对我们来说是多么可怕。12月26日，我刮好了胡子，抬头向西看了一眼，一抹黑烟似乎在我的卧室和史多敦的住宅之间冉冉上升。很快黑烟变成了火焰，医院的大钟敲响了火警。我急忙披上外衣冲了出去，那时医院的工役都已经赶往医院的西面。我赶到医院门前，才知道火灾发生在医院外面。于是我走到街上，原来起火的地方，是在医院西边的街对面，隔着一道20尺高的围墙。我走回医院的时候，大家已开始搬移西面病院里的病人。我告诉他们暂时还不需要转移，我又走到史多敦住宅北面外国看护妇宿舍的三层楼上，在那里看得很清楚，火势正往对面蔓延，除非火势转向并且越过两道墙垣，再蔓延二三十码，否则我们不会有什么危险。如果火势转向的话，外国看护妇宿舍就变得非常危险了，那样的话我们的医院也自然面临危险。不久以后大家终于能够安然地吃早餐，但是8点钟的庆祝，却不得不取消了。”

“26日以后，城内经常燃起大火，但都比较远。有两次我们也不得不出去查看到底是什么地方起火，甚至有一次夜班看护妇不得不叫醒我让我出去看看，因为她觉得那火焰实在太近了。伍特女士（Woods）家里的仆人，那一夜也两次起床到草地上去看火情……”

“每天早晨9时，我去看伍特女士，然后去收容所看看，有时去查看一下戴勒先生（Taylor）的地方，心里也挺愉快。有一个时期，送牛奶的人不敢出去送牛奶，我就成为外国朋友的送奶人；医院内一直都有新鲜的牛奶，这是我们的一种幸福。在我们的医院内，可以说比较有秩序并且可以享受一下生活，幼稚园、小学、中学、妇女圣经班，都准时上课。我们的医院成为了这个鸡犬不宁的混乱世界里的一片洞天福地。伍特女士和收容所附近的日本兵协商的时候并没有遇到什么麻烦，反而得到一些帮助。元旦那天，我在教堂和伍特女士住宅间的一个营房的墙壁上看到几个大字：‘敬爱的主教，恭贺新禧。’这是不愉快环境中的一个愉快地方。但是伍特女士等人在这附近还要不时救护一些被日本兵威胁的妇女。杭州自日军占领以来，就有日军搜劫全城（据我所知，可能所有的住宅或店铺都遭日军抢掠，而且有许多战马拴在住宅或店铺里，美丽的杭州变成了肮脏丑恶破碎的地方）。各方面都有污辱妇女的报告，收容所外每天都有许多惊恐的妇女讲述她们的遭遇。我们的医院里就有许多受难的妇女，其中两个因为被日本兵追赶从楼上的窗口跳下来，摔断了背骨，其中一个更严重，腿骨也摔断了。抢劫、伤害、屠杀、奸淫、放火，愈演愈烈，整个杭州变成了恐怖的城市，只有外国人的房屋和收容所是安全的。”

“日本当局尤其是宪兵的确在尽力帮助外侨，但杭州的中国人却没有任何保护，只能任由日本兵摆布，在其淫威下挣扎呻吟。即使我们有时向日军当局提出抗议，他们也认为‘简直难以相信’，所以常常不重视这些事情。”

“日本的宪兵虽然表现很好，但人数太少了。有一天黄昏的时候，我正在喝茶解乏，医院里的事务员秦君跑过来跟我说，有两个日本兵正在他的家里抢劫，要我一起去帮忙。我勉强跟他一起去了，刚走到医院转角，就看见一个日本宪兵站在脚踏车旁，向几个日本兵传达命令。秦君就跑到那个宪兵跟前向他写了几个中国字，求他帮忙。于是他就和我们一起去，抓住了一个手拿长柄刺刀的日本兵，记录了姓名，并将他送到了宪兵司令部……”

“‘你们去看看上海、南京或嘉兴的情形吧！’当我们提出那些不幸事态并且请日军当局注意时，我们就曾预料他们或会说出这样的话。”

“我们不能很肯定地说，在这一次战争中，我们的教会到底有什么成绩，有什么意义。现在，杭州范围内的三个教区都驻守着双方的军队，看着杭州的现实情况，想到别的地方的情形，我们不寒而栗。钱塘江对面的三个教区，还没有日军侵入，我们祈祷能够躲过这场浩劫。但是，恐怖已经在各地滋生。在日军占领杭州以前，我们曾跟中国朋友们说，对于日军暴行的种种传说不足以让人相信，现在却不得不承认，而且那些传说还不足以形容实际发生的恐怖情形，实在让人痛心得很。”

“日军占领杭州，本来是一个证明自己是一个有纪律的军队的好机会，能够占领一个不设防的城市，而秋毫无犯，但是现在这个机会已经没有了。显然日方早就知道的杭州没有防御，城里没有一兵一卒。可是，日军当局对进城以后的士兵既不加约束，也不设法鼓励居民恢复正常生活。现在距离日军占领杭州已经五个星期了，随便走到什么地方，仍可以见到日本兵公然掳掠，而且妇女到处都不安全，而日本当局对这些视若无睹。”

“说到外侨个人，我们没有太多埋怨。据我所知，只有法侨台模尔主教、美侨麦克梅伦博士（Mcmullen）和英侨慕尔（George Moule）三个人曾受日军侮辱，而这三个外侨，恰巧代表三个国籍。慕尔是中国海关退休职员，除了他因为已是年逾七旬的老翁，当时很有可能遭到意外，其他人情况都不严重。我们的财产，虽然有时会遭到闯入的日本兵用来复枪或手枪威胁，但一般说来还是相当安全的。

但这也仅限于那些有外侨寓居的财产，至于其他的地方，所有外国的国旗、领事馆的布告、教会的布告或日本宪兵司令部布告，都无法阻止日本兵的侵入掳掠。甚至有一些地方，日本兵都可以自由出入，来来往往，里面的财物逐渐不翼而飞，虽然那些宪兵也曾想帮助我们保护财产，但最后却不得不放弃……”

1938年1月27日于杭州

无锡是一个工业中心，平时人口约90万，在上海西约105里，有“小上海”之称，京沪铁路和几条公路可以直达。下文摘录的是一位美国医生的日记，叙述了无锡方面的惨况，原载于1938年3月19日上海《密勒氏评论周报》增刊“中国之毁灭”号。

据该刊记者报道：无锡方面最后几天的情形，也就是在疯狂的日军进占该城以前的情形，没有比这位美国医生的日记叙述得更为具体的了。1937年10月14日，他离开上海赶到无锡，汽车里装满了衣服、食物和药品，希望这些东西可以减轻伤兵、难民的一些痛苦。两天以前，三辆插了英国旗的汽车，曾在路上被日本飞机用机关枪扫射，所以一路上是相当危险的。

他描写了他在距离无锡几里的地方所目睹的情景，是日军残暴行为的无可抵赖的罪证。沿公路运河内的煤船被轰炸，田间的可怜农民被射击，无辜的乡民被飞机追赶，用机关枪扫射，任何人想逃避，都会被追着扫射。

他将自己艰苦的经历以日记的体裁叙述出来，叙述他每天是如何在炸弹如雨、生命随时感受威胁的环境之下看护病人和伤兵的。以下就是他的日记摘录：

“10月16日。今天一个受伤的乡民被送来。他的内脏已经被机关枪弹打穿了，流血过多，没有希望了。日本飞机来的时候，他躲进附近的桑园，飞机紧紧追着他开枪扫射。除了他以外，另外还有3个人死亡，4个人受伤。在方圆几里之内并没有中国军队。日本飞机为什么要袭击这些毫无威胁的可怜乡人或者说有什么目的呢？”

“10月17日。今天早晨和医院职员一起巡视病房。病房里挤满了伤兵和几个平民。那些伤兵有的胳膊断了，有的腿断了，有的受伤非常严重，情形很可怜。也许不久他们就会死亡。这情景非常凄惨可怖。有3个女人，都被锯去了一条腿，她们是10月6日日机轰炸无锡车站时受伤的。医院的基地上挖了三个大防空壕，遇到空袭的时候附近的居民可以到那里躲避。由于电灯厂的重要机件在最近一次空袭中被炸坏了，所以白天没有办法使用X光。晚上由临时电灯厂供给电力。如果晚上没有警报，我们可以从广播里收取上海方面的消息。”

日军轰炸引起的大火

“10月18日。早晨，我们巡视病房的时候，空袭警报响了，我们知道是日本飞机到无锡来了。虽然我们心里觉得应该躲避到防空壕里，但仍然继续巡视。我不知道这个美国医院为什么还要维持下去，虽然说实话我对此不感兴趣，但是我和另一同伴还是要继续工作。我们这些西方人事先早已决定不能为了自身安全而放弃医院，置苦恼的病人于不顾。不久，我们就听到沉重的飞机声，接着又听到可怕的飞机俯冲声。这巨大的爆炸声几乎要震坏我们的耳朵。据我们推测，大概是火车站被日机轰炸。这里没有任何防空设备，所以日机扔下四颗炸弹后就安然离去，没有遭遇地面上的任何攻击。又过了一会儿，医院里送来了一个铁路上的守兵，他头部被弹片击破，伤得非常严重，已经没有希望了。另外还有几个人被炸死或炸伤。”

“10月25日。日机还没有向城内轰炸，我相信日机不会来轰炸城内。就算有人肯给我100万元，我也不会到别的地方去，我希望我留

图为南京大校场飞行场一隅，遭日军毁坏的中国飞机残骸。

在这里可以有些用处。美国旗和中国字被明显地漆在医院屋顶上和围墙上，那些中国字和日本字的写法一样。”

“10月30日。因为日机过境，虽有几次警报，却没有空袭。还是没有电，也看不到供电恢复的希望。”

“10月31日。今天空袭时，一家旅馆被炸弹击中，全部损坏。附近站岗的警察，却从弹片纷飞中死里逃生，但是他的耳朵被猛烈的爆炸声震聋了。钟塔被炸毁，马路被炸成了火坑。两颗炸弹落在了火车站，货栈房也被炸弹击中着火了。昨天我们走过铁路，看见有一颗炸弹落在华盛顿饭店前。”

“11月1日。本地报纸说很快就要恢复电力了。希望是这样。此刻又有一架日机在天空盘旋。但愿战斗已经结束了。目前有一位苏州语言学校的教师也在无锡，于是我开始提前布置语言学校复课的事情。”

“11月3日。今天早晨，两架日本海军飞机前来轰炸，以空列车为目标轰炸了约20分钟。后来我为一个被弹片所击伤的士兵割除手指的时候，又有一架日机来袭，值得庆幸的是并没有投掷炸弹，手术过程还算顺利。我们听说无锡上海之间的电线被毁，日军强行渡过苏州河，而中国军队又继续向后撤退。”

“11月4日。早晨做礼拜的时候又有日机来袭。炸弹落下的地方与礼拜堂仅隔一道城墙，可以说是距离炸弹最近的一次了。飞机的声音比平时要低，我们都非常震惊。也许这是日军新式的轰炸机。一辆列车被炸弹击中，造成了数人伤亡。”

“11月5日。今天终于恢复供电了，这是三个星期以来第一次恢复供电。我弄坏了收音机中的一个信管，让大家都很不高兴，等到修好的时候已经到关于拳击的节目了，来不及收听到新闻广播了。”

“11月10日。今天是轰炸得最猛烈的一天了。至少有160颗炸弹被投下，好几个地方起火，损失惨重。大概在夜间11时半，主要是惠山、工厂区及水西门外的一带被轰炸。因为爆炸猛烈，我从床上一跃而起向窗外探头，看见一道信号光，缓缓降下，照亮了全城。可能是因为没有值得轰炸的目标，日机随即飞走了。据我所知，今天日机轰炸无锡的时候，惠山的军用医院中弹，造成多名伤兵死亡。另外，工厂区里的平民死伤更是不计其数。送到医院来的平民都被炸得肢体残缺，惨不忍睹。一个人的左边耳朵被炸成碎片，手腕上的肌肉几乎被割断，左大腿上一条又深又长的伤痕，右脚几乎被削去一半（非做手术不可），生殖器也被伤得不成样子了。除此之外，他还受了许多小伤。天哪，如果这样继续轰炸下去，我们该如何容纳这么多病人啊！”

“11月11日。今天早晨，日机随意选择目标轰炸了一个小时。我刚好在手术室，因为洗濯机的声音非常大，所以我并没有注意到爆炸的声音。中午过后日机又来轰炸，炸弹落下的地点距离医院只有几百码，房屋剧烈震动，室内的器具都被震动得摇摆不停，我非常想要抽根烟。”

“我从手术室出来的时候，已经落下了一些弹片。看护妇看起来还很镇静，医生中却有一二个人惊慌失措。著名的师范学校也遭到了轰炸。没过多久就有4个受伤的平民被送进医院，四肢不能保住了，都必须截肢。我和另一位医生实施手术，锯掉一个人的小腿，并用钳子取出他大腿上的弹片。他的屁股上也受了伤，弹片击碎了尾骨进入内脏。现在，我要休息吃晚饭了。其他的手术要到夜里或者明天早晨才能再进行了。”

“今天我们听到一件令人伤心的事情。10月28日，这里的防空壕被炸弹击中，40个人全部遇难。事情是这样的：有一个孩子在防空壕里因为太害怕，大声哭叫，谁也劝不住。大家担心叫喊的声音会让飞机发觉藏匿的地方，要求母亲领孩子出去，她不肯，于是孩子的父亲带着孩子出去，躲避在树干后面。仅仅几分钟以后，一颗炸弹击中了并不坚固的防空壕，40人的生命就此被葬送。”

“11月12日。今天是恶魔的日子。日机飞来的时候，一个戴着钢盔的中国兵正坐在医院的窗前，他立刻躲进了医院，炸弹一转眼就落了下来，全部都落在医院周围。我承认我当时的行为很自私，只想保全自己的生命。我匍匐下来，室内已经没有了看护的踪影。我被吓得面无人色，惊恐欲狂。我对自己如此胆怯惭愧之至。炸弹还被持续投掷下来，巨大的爆炸声震耳欲聋。有几颗炸弹恰恰落在医院的附近，我不禁暗自庆幸自己毫发无伤。受伤者立刻被送到医院，第一个人因为惊吓过度而亡。那些被剧震震得失去知觉的人，都没有了保全生命的希望。一个人胸部受到重创，也已经没有了

图为汉西门附近被毁坏的断壁残垣

希望。一个父亲送来一男一女，男的失去了一只眼睛，女的两条腿被炸得粉碎。一个遍体是弹片伤痕的老人背着气息奄奄的妻子。在日机袭击下牺牲的平民，一批一批被送到医院。有人以为是日机看错了目标，但我相信这次轰炸是故意的。医院的房屋上都飘扬着美国旗，屋顶上也都有新漆的大幅美国旗，日机飞行得很低，绝对不会看错。医院的地基受损严重。围墙坍塌了，电杆被炸折了，电线也断了，弹片横飞。附近的房屋都被炸毁，遍地都是瓦砾灰烬。人们开始了逃难。附近邻居急着离开城，我听到他们杂乱的钉闭门户的声音。医院里的中国职员也都放弃工作逃走了。院长对中国职员离职的事情没有提出什么具体办法，只是说医院的工作难以继续下去，下一步势必要将院内的病人设法转移。虽然我对于目前的工作没有多大兴趣，但是如果有人认真重新考虑，决定继续坚持下去，我准备挣扎到底。我想我是有点女人气的，一直到现在心里还因惊

记者拍摄的日军轰炸时外国人的反应

吓起伏不定。”

“11月13日。看到今天没有医生出来工作，才知道昨晚有几个医生已经乘军用卡车离开了。看护妇惊慌失措，也请求离去却没有汽车，因为所有汽车都在前线。院长想把病人转移走非常焦急。更坏的情况是他没有方法可以移动病人，因为那些还没有离开的人不愿意帮忙。他觉得如果转移不了病人会受人指责，但是又没有什么办法，医院里一片凄凉。今晚只有一个看门人、一两个苦力和几个看护妇女还没有走。她们准备再等一两天，如果有车辆，就会离开。厨子、洗衣人、火夫、机匠、木匠、手术间工役、药剂师、试验室职员和医生，都纷纷避开了。如果我们继续留着这些病人肯定没有办法照顾。所幸有一些病人主动离开了医院，明天医院里可能只剩下十来个病人。”

“因为无锡没有军队集中，所以遭到的轰炸到现在也没有苏州和其他地方那样惨烈。但正因为这样，居民对日机破例轰炸城内没有一点儿防备，这才造成了非常残酷的结果。”

“今晚我们松了一口气，因为我们接到消息说这里的伤兵可以送到军用医院去了。但这个消息也许表明无锡就要成为火线了。”

“11月14日。我启动了一辆旧汽车的马达，看看还能不能开，结果车况还很好。于是我们在车上插上一面美国旗，决定明天拂晓动身离开。”

“11月15日。早晨5点半我们离开了无锡。驱车经过西门的废墟的时候，看到大批军队密集。黄包车、马车和逃难人，纷纷从城门潮涌而出。气氛紧张，大灾难马上就要爆发了。”

“我们每经过一个城市，都能看到许多人在等候长途汽车，但我们愈向西部行进，情况愈见好转。当晚11时后，我们到达了南京，那里军事上的行动更加频繁、非常活跃。我只想重新回到上海。”

“11月19日。昨日乘轮船离开了南京，今天停泊在镇江，明天早晨将驶往口岸，然后改乘坐小型轮船，通过运河到内地去，主要是为了避开长江的封锁线。”

“11月21日。终于回到上海了！刮去了战争时候留下的胡须，舒舒服服地躺在家中，觉得非常欣慰，但我依然无法忘记我们所经历的那些灾难和痛苦。在这短短一个月里，我所目睹的现实，让我从此厌恶战争。无法用笔墨来形容那些无辜平民遭遇的灾难和痛苦。当然，任何人只要有一次能够亲身经历战争，他就会觉得中立法根本就没有什么用处。”

第七章

空袭和死亡

在这一次日本侵略中国的战争中，死于轰炸的平民，其情形之惨，数量之大，在整个人类历史上都前所未有。8月15日，日本飞机首次由台湾穿过海洋袭击南京。从此以后，中国所有重要的城市，几乎都受到了日军的空袭，只有非常边远的省份幸免于难。比起1937年8月15日以后华中华南各城市被轰炸的情形，七八月间日本空军在华北的活动简直是“小巫见大巫”，显得无足轻重了。1937年11月3日美商上海英文《大美晚报》，刊载了日本官方通讯社同盟社的东京电，可以看出空袭范围之广：

> 11月2日同盟社东京电　据海军省发言人今日宣称，自10月25日至27日，我海军共计850架飞机参与轰炸上海战场华军阵地及后方，该发言人同时称共投掷炸弹2526枚，计重164吨，所以中国方面损失惨重……

日军轰炸后的城市街道

日军轰炸后的寺庙废墟

据10月15日英文大阪每日新闻所称，自8月15日首次轰炸南京至今的两个月内，日机共袭击60处以上具有“军事价值”的城市，分列如下（10月13日为止）：

山东省：韩庄、枣庄、兖州、济宁。

江苏省：南京、浦口、上海、句容、无锡、江阴、苏州、昆山、嘉定、太仓、松江、宿州、扬州、南通、海州、连云、淮阴、南翔。

浙江省：杭州、宁波、海宁、笕桥、嘉兴、诸暨、金华、衢县、绍兴。

福建省：厦门、龙溪、建瓯。

广东省：广州、石龙、虎门、惠阳、英德、曲江、乐昌、安阳、潮汕、汕头、黄浦。

安徽省：芜湖、广德、安庆、滁县、蚌埠、寿阳。

江西省：南昌、上饶、余江、清江、九江。

湖北省：汉口、武昌、汉阳、孝感。

湖南省：株洲。

上海《密勒士评论周报》主笔鲍威尔（J. B. Powell）一直大胆直接地对日本方面的军事行动进行观察，他在11月30日该刊上发表评论如下：

“该报所列出的60多个被日机轰炸的城市，真正具有军事价值的只是很少一部分。如果把上海附近曾遭日机袭击的10多个村镇也计算在内的话，列表中的被轰炸城市恐怕已经增加一倍了。10月24日下午，记者看见20多架飞机，其中10架是双引擎的单翼机，每架携带6枚炸弹，去轰炸苏州河北面一带那些农田菜园间大部分只有几户人家的小村舍。据一位目睹轰炸的外国人说，18架日机从早晨到中午轮流轰炸，投掷的炸弹大约有200枚，大多数炸弹是巨型的，每枚都超过200磅。中午以后恐怕又投掷了超过150枚炸弹。在这样一个狭小的地带，竟投下了大约350枚炸弹。今天真是日本飞行员野外掷弹的演习日，如果是为取悦来宾公开表演的话，他们也许还可以做出各种姿势。一队一队的飞机从高空极速俯冲而下，每一队三架四架飞机不等，向村舍投掷巨型的炸弹。那些村舍都是用竹子木头和泥土建成的，屋顶盖着瓦片，每栋房子的价值不超过四五十美金。幸亏这些乡下人对躲避轰炸已经相当熟悉了，都已经躲避起来。但还是有受伤的平民走向租界或被送到租界里来，这些受伤的往往是一些年老的女人。苏州河的某个地段，几个乡下人把死在日机轰炸下的5个人，埋在了一个炸弹的弹坑里。”

日军轰炸后的惨状

“上海西部庇亚士路、卢别根路转角处被炸弹炸出来的巨大弹坑，充分向我们展现了日本炸弹的威力。中国军队在苏州河岸的那一个转角处，建造了一座沙袋碉堡，并且在附近构筑了战壕，也许对上海西部的轰炸是有一些军事意义的。有6颗炸弹落在了那一带附近，弹穴的直径约12尺到18尺，深度约6尺到8尺。但是转角处的沙袋堡屹立不倒，坍塌的壕沟也很快被修复，也没有人受伤。在以前几次的轰炸中，苏州河沿岸的村舍损失惨重，现在许多村落里只留下几个老人，大多数房屋都已经成了空屋。但是有许多农民和园丁，仍旧在距离炸弹落下的地方几百码处，照常耕种，他们刻苦耐劳，不肯停止劳作。正是这些农民和园丁的坚持，才使上海没有发生饥饿的恐慌。所有在上海的人，不管是中国人或外国人，都应该感谢他们啊。每天清晨，沿租界的马路上都有乡下人挑着菜担来来往往，这就是中国儿女们刻苦耐劳的真实情形。”

“上海报纸上刊载的各种新闻大标题概括地说出了每一次惨剧的内容，那些都是关于死亡和破坏的，但是这已经是司空见惯了，根本就不会让人觉得奇怪。比如：‘日机轰炸松江，死200人，伤400人’……‘防空壕中40人同归于尽’……”

“10月28日（星期三）午后，中国军队从闸北退出时，又给日军飞行员屠杀中国平民以可乘之机。中国军队从闸北退出后在夜里通过苏州河的梵皇渡铁桥，所以没有遭到日机轰炸。第二天早晨，成千上万的平民拥挤在道路上，争先恐后地通过这个单轨的铁桥，其中很大一部分都是妇女和孩子。日军又岂会放过这样一个难得的屠杀的机会？一架日机在桥面上空不断盘旋飞近桥面，然后疯狂地扫射那些恐慌的难民。有一次，飞机扫射过后，难民死伤共24人，其中有好几个女人和孩子，尸体僵卧在桥面上。除过铁桥，在沿租界的马路上，其他很多地方也发生了同样的惨剧。”

日军轰炸时民众躲进防空洞

日方军事和外交发言人曾多次否认滥杀平民，表示日机轰炸完全是出于军事目的，并且宣称所有关于日本空军活动的报告都是由于“华方之虚伪宣传”，都“言过其实”。这些声明真的能够被人们接受吗？日机轰炸平民真的只是军事行动上的偶然事件吗？

对上面的问题我们无法给出明确的答复。读者也许能够通过下面所引用的报纸和目击者的一些材料自己找到答案。

日军的空袭很快就波及到了上海和上海近郊。1937年8月28日，沪杭路的上海南站被日机轰炸，当时车站挤满了逃往内地的难民。8月29的上海英商《字林西报》刊载了如下新闻：

“昨天，人口稠密的南市遭到日机袭击，车站一带被投掷炸弹，上海平民的死亡又大幅增加。据最保守的估计，死伤约200人以上，其中大部分是难民。因为南市各医院以及英法两租界当局，昨夜仍

日军飞机对重庆市区实施5个多小时的疲劳轰炸

在进行调查，所以这一数字并不完整。”

“大约中午1点45分，12架日机在南站一带上空盘旋，至少8枚炸弹被投掷并当场爆炸。”

“数千难民拥挤在南站站内，其中大多数是妇女和孩子，所以被炸得非常凄惨。另有南站北面隔两条马路的国货路、三观堂街及陆家浜一带也遭到投弹轰炸。”

“车站附近一共投下炸弹4枚。日机离去以后到处浓烟滚滚，烧焦的面目全非的尸体横卧在月台上和轨道上，狼藉不堪。”

“车站旁被投掷下了第一颗炸弹，一座水塔被炸掉了。许多难民有的被弹片直接杀死，有的被炸毁的物品压住。正当受伤的人想要逃命的时候，第二颗炸弹又落了下来，桥梁被炸塌，道路被炸毁，到处都是炸起来的粉尘和灰烬，遍地鲜血。这时候又有炸弹陆续爆裂，附近的街市陷入一片恐慌。”

“南站在两星期前上海战事发生后就成了难民的集中地，有大批难民们在南站等候车辆逃往内地。昨日被炸死的难民中就有许多在此等候了两三天的人。靠近售票间的墙壁上溅满了鲜血，墙脚边堆满了残缺不全的尸体，因为日机轰炸南站的时候，一些难民正挤在售票处买票，还有一些难民挤在月台上等待上车。”

“一些难民想冲进总办公处，但是人多拥挤，地方又太小，所以没有办法过去，结果有许多人反而在混乱中惨死。总办公处的房屋只是轻微受损，窗上的玻璃被震碎了。”

“最早赶到出事地点的是大同大学内的几十个学生，他们赶往火车站开始救护伤员，为他们清除秽物，把受伤的人扶上卡车，他们的勇气值得称赞。受伤的人一部分被送往南市各医院，大部分被送去了公共租界。雷士德医院收容了100人，大部分都是妇女和儿童。

手术间里一直在忙碌，直到晚上都没有休息。”

“下午，本报记者到雷士德医院访问，得知病房中又加了许多病床。许多伤者是中国的救护车送去的。一个婴儿是被人从已经死亡的母亲身边捡起来的，身上的伤非常重。另外还有两个孩子也失去了他们的父母，他们看起来也只有13岁。”

“该院昨天晚上报告说，有两个男人、两个女人、一个男孩和一个女孩，因为伤势太重而死亡。宝隆医院中也死了几个人。”

“由慈善团体提供了卡车，将车站爆炸中幸免于难的难民送进了租界。南站因为要进行修理和其他一些工作所以暂时封闭了。”

“昨天下午的新闻会议上，中国军事发言人向外国记者发言，强烈谴责日机轰炸南市的行动，激烈反驳日方‘华方利用南站运输军队’所以才进行轰炸的说法。中国发言人称，南市是一个人口稠密的地区，昨日以及最近都没有一个士兵，根本没有中国军队或者军事要点。日方所谓轰炸是为了‘扰乱中国的军事要点’的说法简直就是无稽

当年躲避日军轰炸的生命通道

之谈。该发言人还称，日方如此恣意摧残中国平民，让人很难理解他们真正的动机到底是什么。日军此举是恐吓中国平民还是为在虹口一带死亡的日侨复仇，我们也不知道。而且事先日方也没有提出将要轰炸南市的警告。”

“中国军事发言人在新闻会议席上的谈话得到一位外国记者的证实。他最近曾多次在南市许多街道观察，但是并没有看见任何中国士兵。”

“对大家提出的撤退南市平民的问题，该发言人称，现在的情况下平民的撤离非常困难，因为日机经常炸毁铁路，有时甚至轰炸扫射旅客。”

卢别根镇是上海西部的一个小镇，如果由公共租界的中区开车前往，不到一小时即可到达。哪怕这一个小小的市镇，也被日军几次轰炸。1937年10月8日，上海《字林西报》刊载新闻如下：

“星期三早晨，距离卢别根路卢别根饭店不到半里的卢别根镇遭到日轰炸机袭击，惨死的17人中有好几名孩子。据悉这个城镇并没有驻屯中国军队，所以中外各界都不明白这里为什么会被轰炸。”

“据该镇居民称，上午10时左右，天空中突然出现9架日军轰炸机，掷下数枚炸弹。没过多久，日军飞机又重新返回，在低空飞行，用机枪扫射。”

“7人死于第一次空袭，二三十人受伤。死亡的人包括一户人家婆媳两人，一户人家的两个女儿，一户人家的一个男孩，还有两个还没有查明身份的中国人。”

“第一次空袭刚过去，第二批10架日本飞机又来了。这些日军飞机在天空盘旋，先向西飞去又立刻转回来，投下了10颗炸弹。有10

个人死亡，30余人受伤，许多间房屋被炸毁。一颗炸弹落在一栋住宅附近，住宅内的9个人都不同程度受伤。”

日本的轰炸机或随行的战斗机，差不多每一次都是在轰炸平民以后再用机关枪扫射。上海的居民就曾亲眼目睹许多次这样的袭击。那时候，目睹惨状的外侨所提出的抗议和报告塞满了上海所有英文报纸的读者信箱栏。美国亚洲舰队司令耶纳尔将军（Harry E. Yanell）曾严厉斥责这种反复出现的暴行。耶纳尔将军11月12日在上海英国皇家空军协会的宴席上发表了演说，11月13日的《字林西报》刊载其内容如下：

“我对上海及其附近在这场战争中所遭遇的如此大范围、如此凄惨的破坏非常痛心。我不知道飞机的正当用途要到什么时候才能为人类所领悟。战争也有必须要遵守的规则，这跟其他活动一样。交战国双方如此恣意破坏平民的生命财产，让上海附近的平民陷入绝望，此情此景，让人不忍直视……战争的规则必须遵守，必须尽力避免不分黑白的轰炸……肆意破坏平民的财产，并没有太大意义。现在各国应该奋起直追，了解飞机还有更大更多的用途，而不是仅仅作为毁灭一切的利器……”

松江离上海只有30里，大概有10万人口，是一个安静的城市，那里水陆交通都很便利，是一个半工业区。不知有多少像松江这样的中等城市惨遭日机的轰炸。1937年9月9日，《字林西报》刊载日机轰炸松江站难民车的新闻报道：

“昨天中午12点20分，从上海开往嘉兴的难民车，在松江站遭遇日机的轰炸。5辆客车全部被毁，300名难民遇难，其中大部分都是

日军轰炸上海，市民横尸街头。

妇女和儿童，受伤的人数更多，但是没有一个是中国士兵。上海难民又惨遭一次浩劫。”

“根本不知道有多少架日本飞机参与轰炸中国平民，但车站内落下的炸弹非常多，除炸毁了5辆客车外，还炸毁了悬桥和水塔……”

“据路局方面及松江官方报告，轰炸过后，车站里的景象非常凄惨，残肢断腿血腥满地。路警和铁路员工午后还在忙着运送受伤难民到医院治疗（松江医院很少），同时召集一些人进行掩埋工作。”

“上海市市长俞鸿钧接到轰炸报告后，对日军此举痛加申斥，称其为‘日军完全漠视人类道义，屠杀战场后方中国平民的又一新证据’。俞市长同时称，松江惨遭轰炸的列车上的旅客，都是从战区逃往内地的难民，这是无可辩驳的事实。列车既然是开往嘉兴的，无论如何都不能把它当作是向上海运送增援部队。所以日机的袭击，绝对是故意的，绝对不能强词夺理获得原谅和宽恕。”

上面几节叙述的日机袭击村镇及城市的情况并不十分完整或者充分。从整体上来说，这些事件虽然性质非常残酷恶劣，但是却不像轰炸南京、广州、汉口等大都市的事件那样受到广泛的关注。这些个都市的轰炸曾占据了全世界报纸的显要位置。从1937年8月15日起，一直到1937年12月13日，日军占领国民政府首都时，南京在这期间一直处在日军空袭的威胁下。12月18日东京路透社发出下列电讯："据此间军部今日发表公报称，从战争开始到攻占南京，日海军飞机为了轰炸中国的密集部队和军事设施，先后50次飞往南京，投掷炸弹160吨。公报同时称共计有800架以上的飞机参与轰炸南京。"10月2日出版的上海《密勒士评论周报》，概述了一周内日机轰炸南京的情形。文章内容几乎全部都是根据路透社的南京消息，原文摘录如下：

"日本对于英美法三国提出的抗议置之不理。9月25日上午，29架日机又一次对南京进行了猛烈轰炸。日机尤其注意的是城南一带，那里是南京最热闹、人口最稠密的地方……"

"中央通讯社总社办公处在日机第二次袭击南京时全部被毁，5名职员重伤。事后，中央通讯社立即着手处置，现在还在照常工作。该社在土街口，距离银行区非常近，共落下3枚炸弹。土街口一带人口稠密，没有重要的军事设施，日方蓄意破坏中央通讯社是因为中央通讯社是文化机关之一，日军是为了消灭中国最大的新闻机关……"

"9月25日在南京空袭中死伤的平民达600名。从上午9点半到下午4点半，日机先后五次对南京实施空袭，共投掷约500枚炸弹。下午，以中央医院和卫生署为目标的两次空袭，共投掷炸弹15枚，但都没有命中。有一个炸弹炸出深度达20尺、直径达45尺的弹坑。爆炸的冲击力震倒了医生的宿舍，厨房被炸毁，手术间也稍有损伤。”

“据中央社称，中央医院的屋顶上漆有大红十字符号和中央医院四个字，日机轰炸中央医院绝对不是认错了目标。”

“在卫生署方面，卫生署是与国联合作的，洛克菲勒基金委员会还给中央护士学校供给了一部分基金。卫生署的礼堂和中央护士学校都受损严重，并且有两个仆人死亡。”

“包括首都电灯公司、首都自来水公司、中央广播电台、市政府卫生局、广东医院，以及哈瓦斯、海通和合众三通讯社的办事处都遭到轰炸损毁。”

“重达250公斤的巨型炸弹被日本飞机投掷向住宅区，在中山路山西路口炸出一个巨大无比的坑洞。两颗炸弹落在宁夏路转角的高坡上，附近住宅感到强烈震感，玻璃窗被震碎，电灯泡被震落在地。”

“日本飞机在轰炸内政部和卫戍司令部的时候，因为投弹不准，炸毁了一家当铺。中国银行后面的7家住宅也被炸毁，所幸居民都躲进了防空洞，没有造成人员伤亡。日军的目标当然也包括电报局，几颗炸弹落在电报局附近但没有命中……”

“9月25日，日机轰炸南京时，一颗炸弹落在了高门楼法国领事馆的院子里。9月27日，5颗炸弹落在下关，距停泊在三汊河的法国炮舰仅200公尺。”

“在此之前，日本的空军曾在9月22日两次空袭南京。第一次共有50架飞机，空袭从上午10点35分一直持续到中午。第二次空袭时间很短，飞机有15架。”

“包括城南市区和新住宅区（美意德各国使馆以及全体外侨住宅，都集中在这里）在内的300处以上的地点，每天平均都要落下两三枚炸弹。据路透社报告，下关难民收容所在第二次空袭时被炸弹击中，造成至少100人以上死亡。空袭结束后到下关视察，看到遍地都是尸体，芦席棚燃烧着大火，火光冲天……”

“不到一小时，又有10架日机从东北方飞来的。日机在抵达浦口上空时，就排列成圆形，以俯冲的方式轮流投弹，轰炸了津浦铁路，然后又向东北方飞去。据法国领事馆消息，9月25日，该领馆附近曾落下4枚500磅重的炸弹，相距不到100码。对各国使馆或领馆而言，这可以说是距离死亡最近的一次了……”

广州是华南的上海，在广东南部珠江三角洲的顶端，平时有100万到150万人口。1937年9月23日，广州遭到日军的猛烈空袭，9月24日上海《字林西报》刊载路透社的报告如下：

“路透社访员今日到被轰炸的地方去视察一周，发现东山附近的贫民住宅区几乎全部都被炸弹炸毁。”

“有几个地方，遍地尸体，就像是捕蝇纸上的苍蝇，肢体都残缺不全，情形狼狈。几百个妇女悲痛地流着眼泪在废墟中摸索爬行，寻找亲人的尸骨。成千的难民在街道上彷徨，惊魂未定，沮丧不安，昨天和今天的恐怖袭击简直让他们神经错乱一般。”

“可能还需要几天或者几个星期才能得出准确的统计，据本社估计，伤亡人数不下数千人。”

“今天空袭的损害程度超过了上海南站的惨剧。”

“这一次轰炸后，政府办公处或军事机关都没有什么损失。所以这期间外国观察家对日机轰炸的真正目标到底在哪里感到疑惑。”

“日机投掷的炸弹，大多数都落在了那些到处都是茅草屋的贫民区，住宅被炸得粉碎、居民变成了肉沫。”

"一个老太婆一动不动地坐在门口，已经被炸死了，还保持着坐立姿势。"

"一个脸色可怕的人掀起一张席子，面色苍白地指着席子下面被炸碎的尸体告诉本社访员说：'这就是我的女人！'"

"东山附近的一个小学校全被放火烧掉了，所幸正是放假期间，学校里没有多少学生，没有造成惨剧。"

"今天早晨，居民们还没来得及喘口气，日机又两次轰炸广州。

遭日军轰炸后的城市

凌晨4时日军开始了第一次轰炸，一架日本飞机投下了5枚炸弹。该机曾在沙面尤其是英国桥低空飞行。"

"8点半第二次轰炸又开始了，10架重轰炸机和一些战斗机在天空盘旋轰炸，天空充满空战的格斗等活动，高射炮弹的爆炸把晴朗的天空渲染得非常壮观……"

美国教会医生贝志（F. E. Bates）博士负责主持广州东郊某医

院，他在广州外侨助华正义委员会所刊行的小册子中宣称，9月22日下午，22架日机在住宅区投掷了6枚炸弹，造成约300人死亡，其中大部分都是妇女和儿童。事后，贝志驾驶卡车赶往那里，救护受伤者和重伤垂危的人。

“9月22日，轰炸后20分钟内我们就赶到了出事地点。警报还没有解除，但是我们直接通过了所有禁止通行的街道，警军没有制止，显然损失非常严重。炸弹爆炸的硝烟仍然在扩散，到处都是碎木头、破玻璃、砖石、泥块和各种建筑材料，路面都被塞满了。到达那里的时候，我们在周围警军的招呼和指示下向那些躺着的受伤者的地方赶去。”

“听说救护队来了，那些可怜的、痛苦的受难者便纷纷从废墟的各个角落和一个个洞穴里走出来。在不久之前这里还是他们的安乐的家园，此刻却变成了一片废墟。可以想象这些受难者的惨状，有的脸上还流着鲜血，在废墟之上爬行搜索，大声呼唤着他们的那些可能已经被废墟埋葬了的亲人们。”

“一个80多岁的老妇人叫我立刻去救救她的儿孙们，而她自己的头部还流着鲜血。许多已经失去母亲的孩子还在痴痴呆呆地四处寻找他们无处可找的母亲。一个人头部受伤非常严重，他从一个楼板和墙壁搭成的小窟窿里钻出来，手里还抱着一个10岁左右的小女孩。他显得非常紧张非常害怕，他请求我们先将他送到医院。因为他的母亲、他的女人和两个孩子都死在了房子里，他害怕会失去这个唯一活着的女儿。”

“这些故事是讲不完的，我们转移那些受伤平民的几分钟里，那种怵目惊心的景象就看到了多起。一共有6家医院赶到现场，我们只是其中之一。到处都是呜咽声和呻吟声，有的人失去了家人，有的人家人还在，但他们的其他一切都没有了。他们伤好出院后要到哪里去呢？他们住哪里？又吃什么呢？”

“这些人世间的痛苦，道不尽也写不完。这里是广州闹市的一角，这里也是许多受难者住着的地方，这里不接近兵营、兵工厂、重要的铁路，这里也不接近任何防御工事。那些侵略者竟如此漠视人类的生命，在他们看来这只是残忍的破坏和恐怖行为的一种程序而已。”

1937年10月30日的上海《密勒士评论周报》刊载了10月12日的广州通讯，关于日机在华南各种活动的报道概括如下：

“日本轰炸机对广州实施轰炸的目标包括各村镇、渔船和商船、铁路和工厂、设防的和不设防的市区……那些被袭击的人们根本没有任何办法来保护自己的生命，根本没有人知道到底死了多少人。据最保守估计，广州和广州近郊至少有800人死于轰炸，死的人都是平民，其中许多都是妇女和儿童，而他们牺牲的地方大多数都离高射炮很远。”

“日机除轰炸住宅区，造成许多平民死伤外，还曾对中山大学和中山纪念堂实施了轰炸。中山大学里有许多新建的价值数百万元的谊华大楼。有几枚炸弹落在了中山大学附近，幸运的是没有击中。”

“截止到9月11日，广州一共经历了56次空袭，而此刻记者的头上又有飞机在盘旋。也就是说，广州在过去一月内，平均每天要经历2次空袭。”

武汉三镇即武昌、汉口、汉阳三镇，在扬子江中游，距离上海大概700里，有百万左右的人口。这里是一个重要的工业中心，被称为“东方芝加哥”。

1937年9月26日，上海《字林西报》刊载路透社9月25日的汉口电报如下：

“昨日下午这里惨遭日军轰炸后，当晚又遭到日军飞机投掷炸弹，造成了更大的破坏和更多的人员伤亡。第二次袭击仅有10分钟，虽然很短暂，但是造成的破坏却相当的严重。”

“所有的中国医生、助手和护士都响应政府当局的号召，全体动员。中国红十字会和普爱医院所做的救护工作，也大大减少了受难者的痛苦。”

日军轰炸后的重庆

“因为电力不足，许多手术都只能使用灯光，所以为了减轻重伤者的痛苦，不得不对他们暂时使用吗啡。”

“今天早晨，看见一片长约200尺、宽约150尺的地面，受到3颗炸弹轰炸，几乎完全变成了屠宰场。救护工作就是从碎石堆里寻找尸体，从昨天到现在一直在继续。”

“昨天的第一次空袭使武圣庙一带变成了停尸场，那里原来是汉口的贫民区。本社记者前往视察的时候看到了一片惊人的悲惨世界。”

“在那宽只有6尺的街道两旁，原来到处盖满了低矮的房子，像鸽子棚一样一间挨着一间，但是现在全部都倒塌了。大批的居民和路人都死亡了，救护队将满地残骸堆在一起。更吓人的是看见倒塌的砖石下面有一臂一腿在微微颤抖，但是没有合适的工具的话，根本就没有办法营救。”

“本社记者站在街头10分钟，就亲眼看见120人以上的受伤平民被抬送过去，那些人有的还惨叫着，有的已经死亡了。用担架搬运死去的孩子的情景，更是让人不忍直视。将要死亡的人跟尸体混在一起，一丝不挂的受伤者创口冒着鲜血，伤口还没来得及包扎。”

“大概因为轰炸的时候大多数儿童都躲在家里，所以有相当多的儿童被炸死，儿童的尸体甚至超过了成年人的尸体。”

“许多警察、学生和一些志愿者，都在帮助救护受伤的人、搬移尸体。哪怕是在最艰苦的环境下也都热心工作。许多学生明显已经非常疲惫了，但一直到深夜还是不肯放弃这可怕的工作。”

“为了避免产生混乱，吴国桢市长和其他官员一起亲自到场指挥监督。”

“虽然那些救护者都非常努力了，但是因为电力不足、医生和救护工人比较缺乏，导致整个救护工作依旧困难重重。”

“武圣庙一带大约有1万居民。日军飞机轰炸那里的时候，几里内都没有一个中国士兵，那他们的目标是兵工厂吗？但是兵工厂距那里足足有4里远。”

“残酷的景象使附近一个女子学校内的学生震惊、发狂，他们东奔西跑到处逃窜，完全陷于歇斯底里的状态。”

“在汉口遭受轰炸的同时，武昌和汉阳也遭到空袭。汉阳的一个难民收容所被炸弹击中，60名难民死亡，多人受伤。”

“所有炸弹爆炸的地方，都着火了，大火熊熊燃烧，一直到深夜仍旧没有熄灭。”

日军轰炸重庆时避难的幼童

“9架飞机对汉口实施了轰炸，2颗炸弹落在离英国炮舰亚斐斯号（Aphis）仅200码的江中。”

“武圣庙一带昨日就被轰炸了，今天又再次遭到了轰炸，而这边汉口的平民区就更凄惨了。”

“许多萎靡憔悴的受难者已经无家可归只能流落街头。救护人员已经非常疲劳了，但是却仍然不得不继续挖掘活人和死人，有些活着的人身体已经残毁，简直生不如死。”

“本社记者曾遇到一个背负着血淋淋的尸体的约10岁的男孩，那是他母亲的尸体。他很恭敬地把他母亲的遗体放在医院看门人跟前，恳求看门人帮忙埋葬，然后又去寻找失踪的兄弟和姊妹。”

“本社记者又看见有一家屋内有3个男子坐着一动不动，都已没有了活的气息，其中的一个人还紧紧地抱着已经死亡的孩子。还有另一家里，一个房间里堆满了尸体，一个女人在另一个房间里煮

1938 年 10 月 26 日，日军攻入武汉。

饭，有点麻木冷漠。”

“据中国方面消息。昨天的空袭中，中国战斗机在距离汉口40公里的地方击落了日本的一架轰炸机。”

“日机来轰炸的时候，大约在2000尺的高空。外国观察家当时认为武圣庙一带人烟稠密并且没有任何军事目标，日机对这两点应该有些了解。”

“大家整天都会仰视天空，深怕有日军来轰炸。”

第八章

恶魔的阴谋

上面几章主要叙述的是日军在占领区内直接伤害人民生命的暴行，只是偶尔提及了日军到处放火、损毁人民财产的情形，这些行为都是日军在占领后有计划有组织地实施的主要手段。实际上，全世界人士都没有料到日军损毁人民财产的行为波及范围如此之大。

日军占领扬子江下游三角地带以后，一些中立的外国观察员曾到那里旅行视察。据他们报告，不仅仅是上海和上海附近遭到严重的破坏和毁灭。所有比较大的城市，比如南京、无锡、苏州、镇江等都遭到了严重破坏和毁灭，甚至连江南田野的无数村舍也没有幸免。据他们观察，那些被毁灭的财产大部分也不是战争直接造成的，而是日军占领以后造成，这跟上海的情形一样。

日军暴行已经直接给中国人民带来了深深的痛苦。但是，无数的住宅和农家田园被毁坏，更重要的是生产工具和生存工具全部被毁灭，让那些幸免于难的中国人更陷入了一片黑暗悲惨的深渊。也许这些战争的间接结果不如直接结果那样直观、那样具有冲击力，但对一般老百姓来说，生产工具和生存工具的毁灭，甚至比几千几万人被奸淫屠杀更为可怕!

当然，我们现在还没有办法得到准确的统计结果。但是，至少在上海和扬子江三角地带的许多城市，我们根据搜集的材料也可以大概估计出战争中和战争以后破坏行为造成了多大的损害。包括虹口、杨树浦和汇山各区在内的苏州河北的公共租界，超过了公共租界的33%，直到现在还在日军的非法占领下，不过最近已经逐步开放，至少对少数外国人来说是这样。这些外国人在详细调查上海三个月战争造成的影响的过程中，发现有许多日本人的活动一般人都不清楚。下面给予叙述。

对上海区域内工厂损毁的情形记载最详细的是上海公共租界工

日军搜捕、捆绑大批南京青壮年，押往郊外集体屠杀。

部局报告的关于工业的一部分，这也可以说是最准确的估计。1938年1月7日的初次报告称：公共租界东区和北区共905家工厂和工场（小作坊）遭到毁坏，这些工厂和小作坊日常共有雇佣工人30868人。这些工厂和小作坊都是被大火烧毁的。除此之外还有大大小小约1000家的工厂和小作坊也受损相当严重。该报告认为："我们没有办法详细说明这些工厂和小作坊的情形究竟怎样，但明确了解到许多规模较大的工厂的所有机器都被损毁到不能再用，必须重新置换……我们有非常多的日军侵扰和劫掠工厂的证据。恐怕所有的工厂都没法恢复生产了。"

租界内的工业区在上海不算是大的，较大的工业区在闸北、浦东、曹家渡、南市、龙华等地方。所以租界内的工厂损失，只是全上海的工厂损失的一小部分。闸北几乎完全被毁了。1932年的中日战争，只有一个月，但造成的损失却高达49448. 7万美金，或者1亿英镑（上海总商会的统计），闸北受损最为严重，哪怕经过了5年的用心筹划，都没有恢复到以前的情景。南市，也就是紧邻法租界的旧上海城，是一个重要的工业区。中国军队在1937年11月底就全部撤退了，所以那里并没有发生激烈的战争。但是南市从12月开始就变成了火窑，又从1月、2月一直持续到3月。南市八成以上的房屋都曾被火焚烧过，而这些几乎全部都发生在日军占领上海以后。无数的店铺和工厂被火烧成灰烬。江南造船厂也几乎完全被毁。浦东工业区与上海仅仅一条黄浦江之隔，却同样受到严重损毁。规模最大的中国酒精厂也惨遭破坏，内部装备的新式的享受华中专利权的美国机器，也未能幸免。

上海及其附近的工业建筑，有全部被毁的，有一半被毁的，数不胜数。下列上海公共租界工部局的统计只是统计了公共租界内的情形，即便如此也可以显示出整个破坏状况的冰山一角：

工业类型	已确定被完全摧毁数	以前雇用工人数
木细工业	23	792
木器业	2	44
铁业	72	1241
机械业铁器业	410	6219
车业	3	33
砖业玻璃业	8	405
化学业	49	564
纺织业	136	4687
衣着业	44	3476
皮业橡皮业	19	556
食料业饮料业烟业	40	10278
印刷业纸业	75	1649
科学仪器业乐器业	3	140

续表

工业类型	已确定被完全摧毁数	以前雇用工人数
其他	21	784
总计	905	30868

1938年3月19日上海《密勒士评论周报》对此事发表评论如下：

“这些工厂和作坊，大多数都是小规模的，只有很少的雇用工人，很难准确估计它们平均的价值。上海一家经售机器的美国洋行的经理向记者透露，这些厂家的损失，每家从5000美金到100万美金不等。南洋烟草公司的总厂损失达66万美金，工厂完全被毁坏。对于商店所受到的损失也只能大体上估计。据公共租界工部局捐务处负责人称，至少有10万家商店被毁，其中包括店主的住宅和其他财产。这些商店有的被大火烧掉，有的被炸弹炸毁，有的遭到疯狂抢劫。如果我们开车经过虹口、杨树浦、闸北和南市等地，可以看到两旁的街道都变成了废墟绵延数里。1932年淞沪战争后，大约有1里宽、2里长的面积受损非常严重，而这一次，3万里以上的面积内都经常可以看到一片废墟。许多地方的损坏情况，简直难于用笔墨形容。无数位于两路管理局附近的小店铺以及楼面上的住宅都在不断的轰炸中损毁殆尽。”

“记者带着一位刚从东京来上海的日本朋友，视察上海和上海近郊。他看了以后非常吃惊，很长时间目瞪口呆，然后感慨地说了一句：简直像我们的大地震！他指的是1923年毁灭东京和横滨的大地震。”

该刊同期还发布了苏州河北岸的损失统计，这个统计是由一位对于远东贸易和商业活动非常有经验的美国人提供的：

序号	损失性质	损失数额（单位：百万元）
1	工厂机件设备及财产	350.00
2	工厂以外之财产	200.00
3	1937年最后五月内进口贸易总值25000万元的利益	12.50
4	1937年最后五月内出口贸易总值1亿元的利益	5.00
5	1937年最后五月内国内工商业之倒闭（损失约8倍于对外贸易）	140.00
6	钢铁等存货	13.40
7	15万吨外国货转装他埠的费用水脚以及账目的调整等	12.50
8	救济难民的捐款	1.00
9	虹口、杨树浦区货栈内被劫或被毁的存货	50.00
10	完好房屋内被毁或被劫的家具、现金、商品等等	50.00
11	各运输及转运公司对内对外之运费收入（每月至少损失200万元）	10.00
总　计		844.40（约合28146. 6万美金）

据外人估计，从战争爆发到1937年11月中旬这段时间，整个大上海损失总额超过30亿法币，相当于1932年六个星期内战争造成的损失的3倍。

上表所列第九、第十两项损失全部是日军蓄意的破坏和掠劫导致的，共计损失约1亿法币，约合3300万美金。早在1937年10月，上海虹口、杨树浦一带就有大批的中国人的财产被大规模搬运，尤其是钢铁和机械，而搬运的人包括穿了制服的日本兵和被逼迫的中国工人。日军用军用卡车将这些东西运送到黄浦江边的军用码头，然后装上运输舰带回日本。在上海方面的战争停息以后，那些在战争期间没有遭到损害的财产都被劫掠一空。这种劫掠行为一直到3月还没有停止。

虽然上海各报都大篇幅地抨击日军的这种有计划的破坏行为，但破坏行为仍然愈演愈烈。外侨经常报告，他们看见穿了制服的日本军人闯进他们的住宅，肆意劫掠，丝毫不在意住宅上所贴“此处受日本特别陆战队之保护”的布告。

1938年1月31日的上海《大美晚报》和《字林西报》，刊载了日方在虹口及杨树浦等地大肆搜罗钢铁，然后通过著名公司运往日本的详细情形。据《字林西报》称，日本居留民协会强迫工人大量搜刮挖掘钢铁，该报记者在拍摄某钢铁囤积处的时候，就遭到了半军人身份的日本浪人的攻击。据《大美晚报》称，在日军占领区，日方先从沿苏州河北岸进行零售和批发的中国铁号处掠夺铁板铁片。然后，他们将掠夺范围扩展到那些已经被摧毁和尚未被毁的各工厂及作坊里的所有机件。最后，他们甚至发展到从那些被毁的和

日军侵占中国铁路

尚存的私人住宅，掠夺各种铁器，所有的铁制品无论大小甚至连铰链门锁，都没能幸免。据说1000家以上的大大小小的工厂车间里面的机件铁器被洗劫一空，而南洋烟草公司的杨树浦路总厂被洗劫最为严重。

前面已经说过，日方有计划有步骤地掠夺中国各工厂车间的机件铁器，造成了所有那些工厂车间都损失严重，除非彻底改造否则无法恢复正常生产。我们没法估计到底有多少钢铁被日军从上海掠走。但根据东京朝日新闻的消息，应该超过8万吨的钢铁被掠走。而熟悉上海钢铁业情形的外国商人则认为，至少有10万吨钢铁被日方掠走或正在掠走。

1938年2月4日的《字林西报》发表社评抨击此事：

“本报曾经报道过日方有组织掠夺苏州河北岸区域内各种形式的钢铁，中立的观察者对于此事越来越焦虑惶恐。大批的中国苦力，在中国工头监视之下或在日本人控制之下，到中国人的住宅、店铺、货栈和工厂逐户搜索。不仅铣铁之类的铁板铁片被掠走，甚至所有的各种机件铁器，从汽锅到小马达，都被他们搜索掠走，所以‘有组织的步骤’这句话的确很对。因为日本现在的行动，绝对不是军队的随意劫掠的普通行动。这一次掠夺中国人所有的每一寸钢铁的行动，是日方以严谨的有组织的步骤实施的。日方抢光沪东区和沪北区的机件铁器，显然是为了制造更多的军火，为将来可能发生的战事作提前打算。日本从上海掠走的钢铁总量比起日本实际上的需要可能只是很少的一部分。但日本把上海复兴所必需的各种机械搬运一空，使生产停顿，让上海的复兴事业止步，对上海未来的繁荣造成沉重打击。从制造橡皮用品、纺织品的昂贵机器到推动机械运转的小马达，从重许多吨的钢条到价值仅几块钱的铁片，都被日军搜刮走了。上海可能需要几十年的时间才能够再次恢复到以前的繁荣。”

“据最近日文报纸宣称，从此以后天津将取代上海发挥上海原来的许多作用和开展上海原来的许多活动。那些没有遭到轰炸的中国工厂现在都已经变成了空壳。那些已经被毁坏了的工厂也遭到日军再次的挖掘搜索。哪怕中国人重新回到家乡，可以再继续经营他们的事业，但是也已经什么东西都没有了。这里牵涉两个问题。第一个问题是：日方曾多次声明对华作战的目的是‘打倒国民政府，而不是反对中国民众’。第二个问题是：上海的未来在哪里。关于第一个问题，日方有组织有步骤地毁灭上海最重要的工业区之一，这种行动难道不使中国民众感到痛苦吗？这问题根本就不用回答。中国的工业家在经济上遭受损失，就像普通民众在肉体上遍体鳞伤。汇山杨树浦一带繁华之地经过了过去90年的惨淡经营，如今所有的事业都惨遭无情的损毁，只能够看到往日模糊的痕迹。虽然说上海的繁荣依托运输业，但上海的繁荣同样需要这许多年艰苦创造的各种事业啊。鉴于以上几点，日本对华作战怎么不是反对中国民众呢？”

“本报如果不大肆呼吁，提出坚决抗议，就对不起上海和上海的居民。因为这件事不单单是与上海每一个中立国家的侨民息息相关，也与日本人自身有关，更会对上海的未来产生重大影响。日方的行动必然会对上海的对外贸易造成影响，因为没有中国的社会繁荣，怎么会有繁荣的对外贸易？今后，上海公共租界的税收，必然也会受到沉重打击。所以，日方的行动不仅牺牲了无辜的中国人的利益，也损害了日方口中所说的想要加以尊重的外国人的利益。目前还没有办法估计出受到损害的程度。我们必须郑重指出：汇山杨树浦一带被日方掠走的，并不仅仅是铣铁，连中国人的机器也被他们拆卸后运往日本。他们剥夺了上海复兴的基础，当中国人回到一无所有的故乡的时候，必须白手创业，一切从头做起。事实胜于雄辩，这是没法掩盖的。日方夺取上海复兴的基础，到底是为了什么目的呢？是要让上海永远陷入万劫不复的地步吗？还是对中国方面破坏青岛纱厂的报复行动？本报曾严加指责青岛纱厂事件，日方这次的行动同样可以适用。上海的这一部分工业区已经遭受了史无前例的灾难。我们仍希望日方能够及时停止，回头是岸。因为事实上非常明显，上海的繁荣不仅与中国人的利益息息相关，对日方自身的利益也起着重要的作用，不用再多说了。”

1938年1月24日的上海《大美晚报》刊文抨击如下：

“据西方人报告，从战争爆发到现在，日方不断大规模地掠夺虹口、杨树浦一带中国人的财产。”

“日方多次发表明确的声明，声称‘除非在一些特殊情况下，除非是亲近政府或者在政府工作或者参加领导抗日的人，不会没收普通中国人的财产’。试问日方，现在日军的行动又当如何解释？”

“在日本人的监视或指挥下，所有堆栈工厂和住宅里中国人的货物设备都被搬空了。如果负责的日本官方对这件事还有怀疑，只要自己直接去查看一下，或者向那些因为业务的关系而对此特别关注的西方人询问，就可以知道事实真相。上一个星期六日方发言人在新闻会上故意巧妙地表现出惊奇的态度，由此可以看出日方应该知道他们的行为，同时也可以看出日方并没有坦承事实的诚意。日本人严禁中国人去查看他们的财产；但是哪怕有些外国人能够目睹中国人的财产被掠夺，并且有许多真实的证据，但因为不是自己的事，他们不会因为中国人的事情，而冒险参与其中。”

“但事实已经非常清晰明了，而且有许多外国人的财产也同样遭受损失，这些是无可辩驳的事实。如果日方对这些事实不得不承认，那么，日方又当如何解释？”

“据说，日本居留民协会曾得到日军当局的正式命令，准许侨民在个人财产受到损失时掠夺中国人的财产作为补偿。我们只是听说了这个消息，不知道具体情况如何，而日方发言人也否认了这一点，所以，我们不能确定掠夺中国人财产的到底是什么性质的。不过，我们知道掠夺是事实，并且我们还知道如果日方想要阻止并不困难。目前的事实清楚地表明：日方的行动和‘不没收财产’的诺言南辕北辙，完全是两码事。”

“也许‘没收财产’的那项声明与日本转移财产所有权有关。但无论是中国人的工厂整个转让给日方，还是将工厂中的机械拆走，将工厂变得一无所有，这种行动原则上都是一样的。对那些抢走像棉花之类的可以立刻销售的现货的行为，我们只能用掠夺二字形容。”

“外国人已经获得日方准许可以自由出入虹口、杨树浦一带，也

日本为开展奴化教育，在中国开办日本语学校。

许今后他们的财产不会再遭受大规模的损失。但中国人仍然很难获得准许进入，哪怕费尽千辛万苦进去以后，仍然不能查看他们的财产状况。在我们看来，日方造成的这种局势是不能原谅的，并且与他们多次宣扬的立场背道而驰。”

日方对于这些忠告争论置之不理。2月3日的上海《大美晚报》再次撰文，对日方的行为进行抨击：

“日方不断夺取和损毁中国人民的生产生活资料，这政策暴露了日方想要全部消灭中国人民的想法，因为除此之外我们找不到任何解释。但哪怕是最猖狂的日方发言人也竭力避免这种极端的言论。”

“日本在上海的战斗总司令松井大将和第三舰队司令长谷川中将，曾慷慨解囊，捐款救济那些上海的中国难民，其他一些有地位的日本人也多次表示对中国人民并没有不满。这证明他们并不支持上面的言论。”

“但是虹口和杨树浦一带的外国人，每天都可以看见日方禁止业主和工人前往查看自己的财产，同时却大肆搬运中国厂家的机件。”

“日方搬运的不仅仅是工厂里已经被损毁的机器机件。这一种强抢的手段虽然不合理，但比直接掠夺搬运那些完好无缺的机械，性质要轻很多。事实上，后面那种行为就是抢走饥饿工人嘴边的饭碗。那些已经失业很久的工人，从今以后将因为没处工作，而永远在死亡线上挣扎。”

“毫无疑问，这是一种掠夺。当虹口、杨树浦等处开放以后，大家都没有了工作的基础，更可怕的是劫掠行为将使无数无辜的平民妇孺失去了生活的依靠。”

“如果可以有一些理由替日本方面的立场辩护，我们倒是想听听。第一点我们要问：有人还对这些事实存在怀疑吗？第二点我们要问：如果这些的确是事实的话，日本缺乏钢铁这个理由可以减轻这种劫掠行为的罪恶吗？我们知道，这种劫掠行为一定没有办法决定战局的走向，但是却会对那些可怜的工人造成致命的打击啊。”

前面几章曾对上海以外各处所受到的破坏和劫掠的实际损失稍有提及，但直到现在还是没有可供参考的统计数据。

1938年3月19日上海《密勒士评论周报》增刊曾有下面的记载：

“……扬子江三角地带最重要的一个城市就是上海。上海损毁得非常严重，损失异常惨重，而上海以外无数的城市村镇损毁的情形与上海也没什么两样。在上海周围的100里内，有不下12个大城市，

1937年日军轰炸后的先施公司

这些城市一共有5000万以上的人口。这些城市都遭受到非常大的破坏，而那些较小的市镇和村庄受到损毁的情况更是无法统计。距上海约100里的无锡有90万人口，本来是一个工业区。在日机的猛烈轰炸下，所有工厂建筑都损失严重甚至全部被毁，其中最重要的有几家面粉厂、一家纱厂、一家电厂和一家设备非常新式的丝厂。嘉兴原有45万人口，是浙江省的一个丝业中心，但是现在已经变成了一片死城。20万人口的松江也几乎只剩下一片灰烬。古老而富庶的苏州，原有35万人口，被日军占领的时候，只剩下500人了。”

某西方人曾驾汽车经过太仓、常熟、苏州、昆山等地，完成上海至无锡间的旅行，然后投稿《字林西报》，报告情形如下：

“一路走来，所有的房子都已经被毁掉了，也没有看见一只鸡、鸭、鹅等家禽。有许多农民还在田间耕种。还有许多农夫被日军强迫并在日军的监视下修理路面，被毁的桥梁已经完全恢复了。”

“东亭本来是无锡的一个非常热闹的市镇，现在却损失严重，几乎没有一间房子有一根椽。几个农民在碎石瓦砾堆里寻觅着，看是否还有什么东西剩下或者可以使用。”

“无锡北郊大概有1里长的市区被大火烧毁，只有一家纱厂幸免。许多丝行和仓库也都被焚毁。从车站到城门口，所有的旅馆、商店、货栈和住宅，都被大火烧毁。车站和城墙都变成了一片废墟，满地都是断落的各种电线。”

“进入无锡城以后，我看到同样严重的破坏。从城中到北门、从北门到大洋桥的整个商业区里至少有一半以上的房屋被大火烧毁。沿着运河的城南大街，有大约1里长的市集变成了一片焦土。无锡本来是工业中心和重要的粮食区，现在完全陷入了一片瘫痪。”

本书引用的目击者的叙述，证明日本军官和士兵在进行劫掠和放火以后，又用军用卡车装运抢夺到的赃物。日本浪人也紧随着日军而来。据1938年2月5日《密勒士评论周报》刊载：“在日本皇军控制区域内的中国人和外侨的财产，遭到日本浪人有组织的掠夺，这些浪人就是军队的寄生虫，他们要承担一大部分的责任。南京、苏州、杭州、芜湖等地的无纪律的日本军队在奸淫抢劫和屠杀，而那些所谓的日本浪人则向许多的镇乡村进发，将他们的兽行发挥得淋漓尽致，将中国人逃难时遗留下来的各种有价值的东西，搜刮一空……”

“中国沿海各地尤其是在江苏、浙江、福建等省，有很多记载着过去击退海盗保卫地方的军政长官事迹的纪念碑。南通山上就有一块这样的纪念碑，碑文说‘多年以来，扬子江下游海盗横行，幸赖某某将军奋勇挫贼，故特建碑以纪念之’。那时候的海盗就是日本浪人，也就是所谓倭寇。沿海各地到处都是这种表扬驱逐倭寇的胜利纪念碑。日本这一次侵略中国沿海省份的暴行其实与过去有着许多相同的地方！事实终归是事实，不管日方如何宣传‘圣战’‘大亚细亚主义’‘经济合作’或‘反对共产主义’，日本这一次的对华战争，从公认的意义来讲，并非真正的战争，而是与过去性质一样但是却更大规模的海盗行为。奸淫掳掠，杀人放火是日本对华战争的特征。如果日本真的有意要修正与中国的邦交、解决长时间悬而未决的纠纷、帮助改善中国民众的政治经济状况、提高中国的国际地位，日本政府就绝对不会放纵军队和浪人如此摧残中国民众的生命财产。对弱小的邻邦，应该怀着博爱和人道的精神，这是20世纪的文明国家所应具备的。日本目前的各种行动，显示出日本仍然受帝国主义侵略政策的传统观念和野蛮思想所统治，绝对不是文明国家的表现，就像19世纪欧洲帝国主义国家盲目推行殖民地政策一样。”

“日本人经常自诩对中国历史多么有研究，但实际上日本的天皇起源说，就是抄袭了中国周代（前1046年—前256年）的政治理论。这种政治理论的骨干是周王伐纣‘受命于天’。日本虽然抄袭了中国政治理论的术语，却没能够真正了解中国政治哲学的精髓，即：以德服人者王，以力服人者暴。世界历史告诉我们，武力的统治一定不能长久，日本却不折不扣地采取了这种手段，想把全中国分裂为许多傀儡小组织，再由军队控制。日本虽然经过了很长时间的准备，军事上的实力也优于中国，但仍然无法阻止军队的各种暴行，让暴行成为了胜利的替代品。中国文化和政治哲学之所以能够永存不朽，是因中国人民普遍相信统治者‘受命于天为民造福’。日本一边向全世界宣扬对华战争的神圣使命，而另一边，那些失去了约束的士兵和浪人却在行动上给全世界留下了这样的印象！整个行动不过是恶魔的一种阴谋而已……”

有组织有步骤地破坏、劫掠并焚毁中国人的财产，从新式的工厂一直到农民的茅屋，都是其计划实施的对象，这是日军在中国的恐怖行动的另一个方面。日本就是用这种方法来“膺惩”“顽强的中国政府”和“无纪律的中国军队”的。

第九章

结　论

在前面几章里，作者搜集了许多目击者提供的直接叙述和一些通讯社、报纸的记录，尤其是目击者提供的直接叙述，构成本书的主体。作者根据这些材料和自己在远东20年的个人经验，在这最后一章内，概括发表一些自己的看法。

全世界的报纸都以大量的篇幅刊载日军侵略中国、占领扬子江三角地带和南京等地区的种种暴行。不过，很多人关心是否有目击者的直接叙述、来源可靠的确凿的照片和正式文件等证据来证实那些关于日军奸淫、掳掠、残虐、野蛮的种种暴行的报告。

本书的出现可以去除这些人的担心，打掉所有人的怀疑。因为本书的正文和附录，搜罗了日军种种暴行的大量具体材料和证据。

篇幅所限，作者不得不忍痛放弃许多珍贵的材料，列入本书的许多材料和证据，只是揭示了日军侵华战争中所有暴行的一部分而已。本书内所搜集的仅仅是一些比较大的城市的一些材料，并且是有中立的外国人亲身经历的，这一点读者要明白。占领区内的整个农村地区也都在发生着同样的事情，80%以上的农民受到直接影响，那些罪恶的情形也是无法描写得完的。除此之外，本书很少提到日军如何有组织有计划地破坏中国的工业、摧残文化机关和医院、焚毁一般的产业（从贫陋的草棚到华丽的大楼）的种种暴行，因为这些暴行大多数是被占领以后所发生的。

日本当局对日军在南京和各处的暴行，并没有否认，只是无力地表示那些报告未免说得过分夸张、不符合实际。一些有良知的日本人曾在一个非常秘密的场合，承认了那些报告的真实性，并对此表示深深的惭愧。而日本官方为了替自己辩护，好像找出了下面的两个理由：第一，这些事件都是单独的偶然事件；第二，同样的事件在别的战争中也发生过。“中日战争的老实话”是日方在上海刊行的宣传小册子，日方在里面这样说：“就承认日军确实有一些暴行，与外侨间也的确曾发生某种偶然事件，但是这些暴行和偶然事件所牵涉的士兵，只是在中国作战的全体日军的百分之零点一，或者是百分之零点五，最多是百分之一。哪怕我们承认百分之一的比例，但是日本军队这么多，难道这能算得上是大规模的不良行动吗？任何正直的人都不会承认。”

这种强词夺理简直就是一个谎话连篇的人在用“这只是一个小谎话罢了”为自己辩解。有这么多的确凿无比的证据可以判断造成暴行的日本兵至少有4000人到5000人，占日本在华军队总额的比例远不止百分之一。如果英国或者美国士兵像前几章所说的那样烧杀淫掠，并且足足有四五千人之多，那么英国或者美国军事当局一定会非常紧张。如果当局知道许多暴行都是在军官的指挥监督下进行的，那么他们的心里一定会更加恐慌。

如果仍然觉得前面几章中描述的日军暴行，不是普遍的而只是例外，并且因此而无视战争的恐怖、对军队的残暴成性置之不理，那就是否认正义和道德的根本存在。如果暴行只是超出常例的，那么我们向日方责难、表示我们疾恶如仇的正义感就更容易；如果暴行是普遍的，那么我们就更应该设法阻止事态重演和进一步发展。现在我们必须要对法律道德无条件的、绝对的忠诚，有条件的忠诚就不是忠诚了。

有人说一切战争都不可避免地会造成一些恐慌和破坏，想要用

“旧调重弹”的借口替日方洗刷罪行。但是，日本在华的行动并没有被承认是正式的战争这一点他们似乎选择性的忘记了，而且受难的主要是没有参加战斗的平民啊。

也许许多读者都会产生疑问：日军在华实施种种暴行的根源是什么呢？是士兵被胜利冲昏了头脑、失去常态呢？还是日军当局故意采取的有计划的恐怖政策呢？据事实推断，也许后者更接近事实真相。

士兵被胜利冲昏头脑失去常态的暴行，往往发生在占领一个城市或者是疲惫的战争马上就要结束的时候，这些暴行虽然一样不能宽恕，但是情形却一目了然。但日军的暴行却无休无止，比如南京，暴行已经持续了三个月，一直到作者于4月离开中国的时候仍然没有完全结束。

所以，我们猜测，如果不是一部分日军失去了控制，那么就是日本最高军事当局为了让中国民众害怕屈服而实施的恐怖手段。但是无论是前一种还是后一种原因，都一样让人感到痛心。除此之外，有没有第三种可能性。毫无疑问的是，如果日本去侵略其他国家，同样会采取这样的手段。

大家都觉得日本正在觉醒，因为他们一方面努力接受西洋文明进而快速发展，另一方面又固守着自己原有的旧文化。这种情况才导致了灾祸的发生，而远东地区正深受其害。

美国前国务卿史汀生（Henry Stimson）在《远东危机》（The Far Eastern crisis）一书中写道：“对美国政府来说，日本是一个友好、强大而且敏感的邻邦国家。短短的数十年，它就跨越式地从军阀专政的封建岛国发展成为工业化的现代国家。在一些具有战略眼光和老成持重的政治家的领导下，它以惊人的速度吸纳并消化西洋文明，勤劳而聪明的人民在实际技术方面、工业方面和商业方面，都获得了巨大的进步。政治社会思想上的自由主义倾向随着工业方面的发展也逐渐孕育而出。人民由于日本宪法采取的议会政治的特点而逐渐获得参政的权力。”

这不仅是日本给美国政府的印象，也是其他西方各国政府和人民对于日本的看法。哪怕许多中国人也这样认为。但这完全错误，只是根据事实表面观察得出的错误的印象而形成的远东政治的一般概念。所以史汀生在该书中接着又说：“日本的经济社会条件在产业革命的带动下飞速发展，西方民主主义的思想也随之而来，但这些条件和思想对日本军国主义原来的优点和弱点进行了局部的修改。东方固有的势力和西方传入的思潮还没有完全融合，还在不断的相互争夺领导权，这就是日本政府的现状。”

史汀生所说的工业化的现代国家，从根本上说只不过是日本封建军阀独裁政治的工具罢了。日本的一般民众不管是农民还是工人，几乎都跟以前一样，对于自身的幸福没有多少权利。军阀和财阀共同统治着日本。议会没有任何用处，人民既没有民主的权利和自由，也没有言论或出版的自由，天皇被宪法赋予至高无上的权力，如有人对宪法产生怀疑就是大逆不道的。1937年12月间和1938年2月间，自由主义的学者、教授、作家、新闻记者数百人被捕入狱，甚至包括两名左派议员，而被捕的理由是“散播反战言论”。

日本的统治阶级发动侵略战争的目的是为了消除社会内部的不

稳定因素。因为有人认为只要征服了中国，日本就会繁荣起来，日本封建的地主军阀集团也得到了延后农村改革的时间，并保全了他们在经济上的和政治上的权力。只要资本家支持侵略战争，那他们就与日本统治阶级目标一致。但是，如果侵略战争没有希望或者没有利润可图，如果英美两个国家对日本进行经济上的制裁，那么日本的军阀与财阀之间的合作就一定会被破坏，日本人民就有了为自己争取自由、阻止战争的机会。可是，倘侵略战争前途危险，无利可图，倘英美两国在经济上压迫日本，则军阀与财阀的合作势必破裂，这样给予日本人民以争取自由阻止战争的机会。日本人民在这一次侵略战争中获得的好处远比不上付出。他们有的受伤，有的已经死亡。而物价高涨、工时延长、生活恐慌等让他们的家人更是苦不堪言。受伤的士兵没有单独接见亲友的权利，也没有自由发表谈话的权利。日本政府深怕真相暴露民众的情绪就会低落，所以进行严格的统制检查。而正是由于日本政府的统制检查，所以日本人民一直不知道中国的抵抗是多么顽强有力，也不知道这是一场旷日持久的战争。

日本的金融资本家和产业资本家都依赖于英、美两国，这一点他们都非常清楚；如果英、美两国能够对日本进行经济制裁，减削资本家的利润，让日本因为没有军需品和原料而采取全民经济政策，那么那些资本家就会站出来反对战争，号召停止侵略。日本的产业巨头们并不是没有力量阻止战争，只是支持战争对他们有利而无害，所以他们才拥护侵略。

中国已经发生的和正在发生的事件，对所有人都是切肤之痛，不管他是集体安全主义还是孤立主义。作者真切地希望，拥护国际正义的人士可以感应到中国目前的苦难，南京中外人士的高尚行为可以给予他们激励。全世界的人都不应该对英勇抗战的中国袖手旁观不理不睬，因为那样我们将长期放弃决定是非曲直的权利，中国目前所经历的无法言表的恐怖苦难会在不久的将来重演一遍。

英国的统治集团恐慌着，不知所措，发出无能为力的声音："我们有什么办法呢？"办法不是没有。现在迫切要做的是：我们实践我们的诺言，援助中国。但这还不够，我们必须要建立一个永久的集体安全制度，用来保护那些爱好和平的国家，使他们免受侵略，然后我们才能有和平的希望。我们必须深刻体会到休戚相关、唇亡齿寒的真正含义，然后我们才能将战争消灭在襁褓中。

附录一

南京暴行报告

下列许多报告是由中立的外侨记录下来，并向日本当局提出的，时间大概与第一章和第二章的时间相当，即从12月13日一直到年底。

这些报告仅占南京难民区国际委员会所知道的一部分，原来有170件，这些报告也许都是真实的，但因为大部分的报告没有办法马上得到证明，所以只好放弃了。这里所选择的报告都抛弃了有重复嫌疑的。附录二和附录三也是一样。

为了方便读者，这些报告都是按照发生时间的先后重新编列的，但仍保留了原来的号码。另外还需要声明一点，就是这些报告仅限于难民区内的事情，因为在这整个期间，外侨没有办法获得其他各地方的暴行的信息。

第五件　12月14日夜，日本兵多次闯进中国人的住宅，强奸妇女甚至把她们绑走。于是到处一片恐慌。昨天又有数百名妇女转移到金陵女子文理学院。美侨3人为了保护3000名妇孺，不得不在该校过夜。

第六件　12月14日，约有30个日本兵，搜查鼓楼医院和女护士宿舍。院内职员全部都被劫掠，损失计：自来水笔6支，法币180元，表4只，绷带2包，电筒2具，手套2副，绒线衫1件。

第十件　12月14日，中午，日本兵闯进铜银巷某宅，绑去4个姑娘，2个小时后释回。

第十二件　12月14日夜，11个日本兵闯入铜银巷某宅，轮流强奸4个女人。

第十三件　12月14日，日本兵闯进美籍鲍育女教士的住宅，抢去皮手套1副，喝光了桌子上的牛奶，并用手捞取杯子里的糖块。

第十五件　12月15日，日本兵闯进汉口路某宅，强奸1个少妇，并绑去3个女人。2个男子追着日本兵呼喊，都被枪杀。

第一件　12月15日，难民区卫生委员会第二区扫地工人6人，在鼓楼某宅内被日本兵枪杀，1人被刺重伤，毫无理由；这些扫地工人都是我们的雇员。

第二件　12月15日下午4时，日本兵抢去金陵女子文理学院校门附近装满了米的马车1辆。

第四件　12月15日夜，7个日本兵闯入金陵大学图书馆，绑去妇女7人，其中3人当场被污辱。

第七件　12月15日，据各大收容所报告，日本兵多次去搜掠。

第八件　12月15日，日本兵闯进美国大使的住宅，并搜索掠走几件日常用品。

下面的报告都是经过别人调查，然后向日本当局写信提出的，调查人都在原报告后面签名：

第十六件 12月15日，一个被刺刀刺伤的人到鼓楼医院报告，日本兵强迫难民区内的6个难民运送子弹到下关，到了下关后，日本兵就用刺刀将他们戳死。他幸运地逃脱死亡，受伤逃回了鼓楼医院。

第十七件 12月15日，上午8时左右，富厚岗6号的德国公司被日本兵闯入，据该公司的华人王君报告，王君向日本士兵出示了德国政府的执照，却被日本兵扔在地上，德国的国旗也被扯了下来。日本兵逼着王君去做夫役，工作以后给他开了一张证明字条。他从九江路走回公司的时候，日本兵没有任何原因就从后面的向他开了两枪。他现在就在鼓楼医院可以查证。

第三十一件 13日，中国军队撤退后，我曾到德商孔士洋行视察一次，15日中午，我再次去看的时候，大门已经被打开，里面所有的东西都被搜索遍了。目前还没有查明到底什么东西被抢走。

第十八件 12月15日夜，大批日本兵闯进金陵大学校园，当场强奸30名妇女，甚至有几个妇女被6个人轮奸。

第十九件 12月15日，一个受伤的男子到鼓楼医院治疗，据他报告，他背着60岁的叔叔进入难民区的时候，叔叔被日本兵打死，他自己也受了伤。

第四十四件 12月15日夜里，三条巷住宅被许多日本兵闯入，里面的许多妇女被日军凌辱。

第二十件 12月16日夜里，7个日本兵破窗而入，劫掠难民。学校里的职员既不献纳财物，又不提供姑娘，日本兵将他刺伤并当场强奸妇女。

第二十二件 12月16日夜，日本兵殴打大学附近的警察，要求他们提供姑娘。

第二十三件　12月16日，日本兵绑走14名五台山红十字会的工役。

第二十四件　12月16日，日本兵将红十字会施粥处锅里的米粥直接倒到地上，抢走了一只铁锅。

第二十七件　12月16日，牯岭路21号难民区卫生视察主任的住宅日本兵闯了进去，抢走了几辆机器脚踏车、一只垃圾桶和5辆脚踏车。

第二十八件　12月16日下午4时，日本兵闯进莫干路11号住宅，强奸里面的妇女。

第二十九件　12月16日，日本兵想要抢走鼓楼医院的救护车，被美籍委员梅奇牧师（John Magee）阻止。

第四十七件　12月16日上午8时，干河沿18号，2个日本军官和2个士兵闯进去把男人赶了出去，附近的妇女纷纷逃避躲藏，屋子里面没有办法和没有来得及逃避的妇女被他们轮奸。屋子外遗落了一件日本兵的衬衣。

第五十七件　12月16日，陆军大学，日本兵抓走里面的7个姑娘，从16岁到21岁，5个被放了回来。据18日接到的报告，她们每个人每天都被强奸多达六七次。12月17日，日本兵又翻墙进去，抓走了2个姑娘，30分钟后将她们送了回来。

第三十三件　12月17日，珞珈路5号，日本兵闯进去强奸了4个女人，抢走了一辆脚踏车、被褥和其他物品。日本兵看到我和哈兹（Hatz）赶过去了就急忙逃走了。

第三十七件　12月17日，日本兵在小桃源我的住宅后面强奸了一个女人，并用刺刀将她刺伤。如果她今天能够得到救治，也许可以保全生命。她母亲的头部也遭到日本兵的重击。

第四十件　12月17日，珞珈路对面路上，日本兵把一个年轻的姑娘强拉进屋里强奸。

第四十一件　12月17日，司法院附近，日本兵强奸了一个年轻的姑娘后，又用刺刀刺伤她的腹部。

第四十二件　12月17日，日本兵抓走一个40岁的妇女并对她实施强奸。

第四十三件　12月17日，建三圆路附近，许多日本兵轮流强奸了2个姑娘。

第四十五件　12月17日，五台山一个小学校，日本兵从学校里抓走了许多妇女，强奸了一夜以后，第二天早晨将她们放回来。

第四十六件　12月17日，吴家花园内，3个男子被日本兵杀死，2个女子不见了踪影。

第四十八件　12月17日，住宿设计委员会第四区调查员王玉卿（译音）报告，他的房子每天都有人闯进去，抢劫骚扰一番。妻子和2个孩子三人躲进了金陵女子文理学院，只有老母亲和一个男孩在家看守。因为经常受到威胁，王君也离开了家。

第五十三件　12月17日下午3时，大方巷10号难民住宅里的3个姑娘被日本兵轮奸，并且有一个妇女被枪弹击中，受伤很严重。

第五十八件　12月17日，拉贝报告，约15个日本兵，闯进了他的住宅，其中有几个是翻墙进去的。他们气势汹汹地拿着明晃晃的刺刀，助理员韩祥麟（译音）身上的现金和几种文件被抢走。他列出了失物清单向永井少佐报告。永井少佐非常好心地给他写了一幅“禁止日本兵擅自闯入”的大布告，贴在了拉贝的大门上。拉贝是德国人，屋上飘扬着四面国社党旗。但是这些都没有什么用处。拉贝下午6时回去的时候，又有2个日本兵闯进去，其中一个日本兵正在脱衣服，准备强奸一个姑娘。拉贝让他们滚出去，他们依然翻墙出去。拉贝住处里的一辆价值大概300元的汽车被日本兵偷走，日本兵还留下收条如下："谢君厚礼，日军佐藤。"拉贝要他出具正式收据的时候被他拒绝了。

第八十六件　12月17日，南京青年会总干事某君家内的3个姑娘，被日本兵从陆军大学抓走。她们以前住在阴阳营7号的，为了安全考虑才搬到陆军大学的。日本兵把她们绑到国府路实施了强奸，半夜的时候将她们放了回去。

第九十四件　12月17日夜，一个日本军官带领搜索队强迫金陵女子文理学院收容所的职员大门口集合，职员们集合在那里将近一个小时，已经搜索完毕的证明文件也被这个日本军官撕毁。同时，日本兵闯进收容所抓走了11个妇女。

第九十五件　12月17日，金陵女子文理学院校园，某避难人家的媳妇被日本兵当场奸污。日本兵还抓走了一个教员的女儿。

第五十四件　12月18日下午5时左右，10个日本兵闯进了我们的收容所，抢劫100个难民和职员的被褥等财物。

第五十五件　12月18日黄昏，450个惊恐万分的妇女，逃到我们的办公处希望我们能够给予保护。这些妇女中许多人已经被日军强奸。

第五十六件　12月18日下午4时，怡和路18号纸烟店，日本兵强行索要香烟，因为香烟已经没有了，店里的伙计没有办法拿出香烟，日本兵就用刺刀劈砍他的头部。那个伙计现在在鼓楼医院中治疗，怕是已经没有希望能够活命了。

第五十九件　12月18日，小桃源10号国际委员会主席拉贝的住宅，永井少佐正在那里访问的时候，4个日本兵闯进了对面人家，其中一个正在强奸女人，那个女人大声呼救，永井少佐赶了过去扇了那个士兵的脸，让他滚开。另外3个日本兵看见永井少佐走过去就赶忙逃走了。

第六十二件　12月18日，陆军大学收容所报告：16日，日军抓走200个难民，只有5个人生还；17日，日军又抓走26人，18日再次抓走30人。日本兵抢钱、行李、一袋米和400条病床上的毯子。一个25岁的男子被杀死，一个老太婆被打倒在地，20分钟后也死了。

第七十四件　12月18日，小桃源金陵大学的房屋内，一个日本兵闯进房屋，裴志博士正好在那里办公，于是质问日本兵，遭到日本兵用手枪威胁。

第八十九件　12月18日，金陵大学农场，日本兵闯进农场抓走100余名难民中的4个妇女，强奸一夜后于第二天早晨将她们放回来。19日，日本兵又抓走2名妇女，其中一人在20日早晨被放回来，而另一人到现在还没有消息。

第六十三件　据12月18日报告，宁海路上，日本兵强抢了一个孩子的半听煤油并且强迫他继续运送，那个孩子不愿意运送遭到日本兵鞭子抽打。平仓巷6号的一头猪被偷。5个日本兵强抢了许多匹小马。怡和路12号里的几个姑娘被强奸。某茶馆内年仅17岁的姑娘被7个日本兵轮奸，那个姑娘于18日死亡。昨夜6时至10时，3个日本兵强奸了4个姑娘。莫干路5号的一个姑娘被数名日本兵轮奸。昨夜，金陵女子文理学院的3个姑娘被日本兵抓走，今天早晨被放回来的时候都憔悴得不成样子。平安巷的一个姑娘被3个日本兵轮奸致死。阴阳营一带，奸淫、掳掠、搜寻、抢劫的事情一直没有停止。

第六十四件　据12月18日报告，广东路83号、85号收容了540名难民，从13日到17日，每天都有三五成群日本兵去搜掠许多次。今天仍有日本兵在继续抢劫。每晚都有年轻的姑娘被日本兵用卡车抓走，第二天早上放回来，已有30名以上的妇女被强奸。整夜都有妇女和小孩在哭泣哀嚎，情形之凄惨无法用言语来形容。

第六十六件　12月19日，据报告，马泰街29号美使馆三等秘书金庚斯的住宅昨天被日本兵抢劫，一名仆人被杀死。今天我去调查，报告属实。房子里非常混乱，仆人的尸体躺在寝室里。住所里已经空无一人，因为其他的仆人都逃走了。

第六十七件　12月19日上午8时半，珞珈路16号悬有德国国旗的德侨住宅，我的车夫李文元（译音）全家八口人都住在这里，日本兵闯进去掳掠一空，总计抢劫了所有衣服7箱、2篮家用杂物、6条被褥、3顶蚊帐、法币35元以及碗碟等等。现在李文元全家都在受冻挨饿。

第六十九件　12月19日，据报告，昨天日本兵已经6次闯进北平路59号第8区卫生调查主任的住宅，今天第7次闯进去。前天这里有2个姑娘被强奸，今天又有2个姑娘被强奸。今天2个受害的姑娘其中之一，因为被日军摧残太过导致受伤严重，恐怕性命难以保全。今天，日本兵还抓走了一个姑娘。住宅里难民的所有财物全部都被搜掠一空。

第七十二件　12月19日，农村师资训练学校，这所学校是属于金陵大学的，日本兵闯进校园向工役勒索法币10元，昨天已经勒索过2.5元。下午，日本兵当场强奸了2名妇女，夜里又强奸了5名妇女。

第七十三件　12月19日下午3时左右，鼓楼医院，一个日本兵闯了进去，麦加伦和德利谟两人叫他出去，他就向两人开枪射击，所幸没有造成伤害。

第七十五件　12月19日下午4时45分，裴志到平仓巷16号查看，这里的难民已经在几天前被日本兵赶走，这件事情是李格斯、斯密士和史蒂尔3人亲眼所见。裴志到达这里的时候，抢劫已经结束，三楼燃烧着大火，根本没有办法扑灭，整个房子都被烧成了灰烬。

第七十六件 12月19日下午6时左右，6个日本兵翻过小桃源拉贝住宅的花园围墙。拉贝用电筒照射一个日本兵，那个日本兵按着手枪，做出射击的动作，但是可能是觉得伤害一个德国人感到不妙。拉贝断然拒绝了日本兵开门的要求，让那6个日本兵再从墙上爬出去，因为他们闯进来以前并没有获得允许。

第七十七件 12月19日下午6时左右，汉口路19号金陵大学职员的住宅，裴志、费煦和史密斯3人赶过去的时候，4个日本兵正在底层强奸妇女。他们赶走了日本兵以后，把所有妇女儿童护送到金陵大学的总院。夜里，日本领事馆会派一个警察在那里看守。

第七十八件 12月20日上午7时半，李格斯经过汉口路28号的时候，被人邀请进去看看，得知昨晚日本兵闯进了这里，因为所有妇女都已经被送往了金陵大学，日本兵非常愤怒，开枪射杀，1人被打死，1人重伤，其余3人受轻伤。

第七十九件 12月20日，拉贝开车前往总办公处的时候，被一个日本兵拦截。拉贝大声斥责他，让他尊重汽车上的德国国旗和所佩国社党党徽，才被允许通过。

第八十件 12月20日上午7时左右，麦加伦从鼓楼医院值夜返家的路上，看到许多妇女向金陵大学跑去。住在不同地方的3户人家说，昨天夜里他们的房子全部都被日本兵放火烧毁了。

第八十一件 12月20日上午3时左右，2个日本兵闯进金陵女子文理学院第500号房子，那个时候正好有一个日本领事馆的警察在门口执勤，但是那2个日本兵还是强奸了2个妇女。

第九十件 12月20日，一个瞎眼理发匠到鼓楼医院，他报告说13日他带着孩子在南京行走的时候碰到了日本兵，日本兵向他索要钱财，他没有钱，日本兵就开枪射击了他的胸部。

第九十一件　12月20日，南城某帽庄的主人来医院求治，他的胸部受伤。原来，他被日本兵索要钱财，他将所有的钱财都交给日本兵后，日本兵仍觉得不够，又继续向他勒索，他实在是没有钱了，日本兵就用枪向他射击。

第九十二件　12月20日，日本兵闯进金陵大学红十字会施粥厂，向会稽员勒索走了法币7元后离去。

第九十六件　12月20日，日本兵抢劫金陵大学的教授住宅，这些住宅都悬挂着美国国旗，还贴着美国大使馆的布告，但仍被日本兵抢劫了5处住宅，其中一处住宅被日本兵闯进了许多次，还打开了3扇门。

第九十八件　12月19日下午7点半，2个日本兵轮奸怀孕九个月的17岁少妇。9时，少妇肚子一阵阵疼痛，12时，婴儿出生了。今天早晨2时母子二人被送入医院，产妇已经神经错乱，婴儿没有大碍。

第九十九件　12月20日下午，日本兵闯入汉口路5号邓尼尔医生的住宅，这处住宅前门贴着日本大使馆的布告。那些日本兵跑到楼上的房间里，将2个女人拖了下来，并且强奸长达3小时之久。他们还从地下室中抢走了3辆脚踏车。邓尼尔不在南京，所以这处住宅现在是威尔逊在使用。

第一○一件　12月20日下午3时，3个日本军官闯进汉口路小学难民收容所的办公室，职员带着翻译与他们交涉，但那些日本兵根本不听，让职员离开办公室，然后在大白天强奸了2个女人。

第一○二件　12月20日，日本兵闯进国际委员会德侨许尔兹·潘亭（Schultze-Pantin）的住宅，这处住宅是梅奇牧师、恢复电力设施的普特希伏洛夫和给日方修理汽车的齐亚尔3人合住。梅奇牧师的许多中国朋友都是来自下关的善良的基督教徒，那些日本兵就在他们面前强奸妇女。那些中国朋友亲眼目睹日本兵的兽行，惊骇欲绝！

第一○四件　12月20日下午4时，4个日本兵闯进江苏路23号办公处的邻家住宅，强行将男人赶到一个房间，然后强奸了3个妇女。于是他们在我们的院子里过夜。第二天早晨，日本兵又到他们住宅抓走一个女人，下午4点半，2个日本兵又去强奸了一个女人。一个男子想阻止日本兵的暴行，遭到日本兵开枪射击，幸运的是子弹打偏了，没有伤害到他。

第一○○件　12月21日下午1时15分，威尔逊看见一个日本兵闯进金大女生宿舍。他叫日本兵出去，遭到日本兵用手枪威胁。随即威尔逊又与那名日本兵对峙，日本兵装上子弹但没有开枪。

第一○五件　12月21日下午，大约100名妇女涌到我们的办公处来躲避。她们都在附近居住，从昨天晚上开始他们全部都遭到日本兵的强奸。

第一一二件　12月21日下午4时50分，好几名日本兵翻墙进入我们的总办公处，想把一个女人拖到墙外的防空洞强奸。史波林赶走日本兵。据那个女人说，其中一个日本兵已经去过2次了。

第一五一件　12月22日，2个日本兵闯进金陵大学蚕桑系校舍，强奸了一名13岁的小姑娘，小姑娘的母亲想要阻止被日本兵当场打伤。还有一名28岁的少妇也遭到了日本兵的强奸。23日上午4时，日本兵抓走了2个姑娘，在路上遇见了宪兵慌忙逃走了。

第一四四件　12月23日，日本兵继续实施抢劫，一个日本兵打伤了难民的头部，并强奸了一个女人。今天日本兵闯入三四次抓走了好几名妇女。

第一四五件　12月23日下午8时15分，7个日本兵抓走了4个姑娘。

第一四六件　12月23日下午3时，2个日本兵闯进汉口路小学收容所，搜掠财物，女职员黄小姐被强奸。我们立刻报告了特别宪兵队，当宪兵到达收容所的时候日本兵已经逃得没有影子了。宪兵就把黄小姐带走作人证。黄昏，又来了几个日本兵轮奸了王太太的女儿。7时左右又有3个日本兵闯进来，强奸了2个姑娘，其中一个姑娘只有13岁。

第一四八件　12月25日，7个日本兵闯进圣经师资训练学校收容所，骚扰了一整天。上午9时来了4名日本兵，下午2时，又来了3人，他们到处搜掠财物，并强奸了2个姑娘，其中一个姑娘只有12岁。

第一四九件　12月25日上午10时，李格斯在汉口路上被日军稽查队长官拦住并殴打。

第一五二件　12月25日下午3时，日本兵抢走了2架救火帮布引擎的车轮。难民区消防处原有4辆救火车，12架帮布引擎。在过去十天内，几乎全部被日本兵抢走，剩下来的帮布引擎不是被毁掉了就是没有了车轮，只有一架还可以勉强使用。

第一五三件　12月25日，一名日本军官和2个日本兵抓走鼓楼新村14号内15岁的李小姐。

第一五四件　12月26日下午4时，3个日本兵轮奸陈家巷（译音）6号内一个13岁的小姑娘。

第一六七件　12月27日下午1时，5个日本兵和1个勤务闯进汉口路小学收容所，绑架了2个姑娘。正要拖出门外的时候，正好碰见宪兵走过来，将3个日本兵和1个勤务逮捕。

第一六九件　12月30日下午，2个日本兵闯进北平路64号意大利使馆某职员的住宅，抢劫法币百元，并抓走2个姑娘。后来经过商量，其中一个被他们释放，另一个16岁的姑娘叫尚雪珠（译音），身穿皮衣，被他们带走了。

附录二

南京暴行报告（一续）

下面是从1938年1月1日到1月12日向日方提出的报告。报告里面描述大概的情形在第五章的两封信内有所描述：

第一七一件　1月1日下午3时，史波林步行走在宁海路上，当走到广州路转角的时候，一个老太婆从屋内跑出来。史波林赶快冲进屋里，正碰见一个跑出来的日本兵，在卧室里还有一个赤裸的日本兵和一个半裸的姑娘，强奸刚刚结束。史波林叫他穿上衣服滚出去。

第一七二件　1月1日下午9时，日本兵驾驶1辆卡车，开到小桃源拉贝住宅前，强行索要姑娘。拉贝关上门没有让他们进去，他们又往金陵大学附中开去。

第一七三件　1月1日下午，3个日本兵闯进金陵女子文理学院，其中一个日本兵追赶一个姑娘一直追进花园的竹林里。魏特琳女士赶到花园，救出了那个险遭玷污的姑娘。其余2个日本兵竟然说自己是宪兵。

第一七四件　1月1日下午1时40分，2个日本兵闯进路珈路17号福斯多牧师的住宅，强奸了一个姑娘，还殴打了一个反抗的姑娘。福斯多牧师恰好在费煦家里一起吃午饭。听说后立刻带着费煦夫人和梅奇开车赶过去，把2个姑娘送到了鼓楼医院去治疗。

第一七五件　1月1日下午4时，3个日本兵闯进汉口路210号属于金陵大学的房屋，轮奸一个14岁的少女。少女的母亲跑到校门口叫宪兵去解围，但那些宪兵慢慢腾腾，等他们赶到的时候已经晚了。

第一七六件　1月2日上午10点半左右，一个日本兵闯进陈家巷5号刘培坤（译音）的住宅。刘家一共7人，日本兵对刘妻纠缠不休，刘培坤因为太气愤而扇了日本兵一巴掌，日本兵恨恨离开。下午4时，日本兵带着枪又来到刘家，邻居们跪在地上祈求他们但是没用，日本兵将刘培坤击毙在厨房。

第一七七件　1月2日下午3时，4个日本兵在宁海路13号奸淫妇女，劫掠财物。史波林和费煦两个人赶了过去。日本兵看见史波林的黑色卐字臂章，大声喊着"德意志！德意志！"狼狈逃走。

第一七八件　1月3日，据报告，日本兵在几天以前以给军官洗衣服的名义绑架了6个妇女到铜银巷6号，其中一个人在12月30日被送进了鼓楼医院，后颈被刺四刀，臂腕一刀，面部一刀，背上四刀。据她报告，日本兵把她们带到城中好像是伤兵医院的某个地方。白天给他们洗衣服，夜里就被他们强奸。年纪较大的每夜被轮奸10次到20次，年纪较轻的和面貌漂亮的每夜最多被轮奸40次。1月

2日，两个日本兵把她绑到一所荒凉冷落的学校里，戳伤十处，日本兵以为她已经死了，就把她扔在那里离开了。后来被经过的人发现才送进医院。她可能恢复，但是脖子恐怕以后都很难像以前一样灵活转动了。

第一七九件　1月3日，一个还没有发育完全的14岁小姑娘，被日本兵强奸后受伤很重，必须给她实施手术。

第一八二件　1月7日，2个日本兵要强奸慈悲社7号内的一个小姑娘。张福熙（译音）想阻止他们，被他们当场用刺刀刺死。

第一八○件　1月8日，五六个日本兵强奸了沈举人巷22号内的妇女后又开枪射击，32岁的李氏受伤。

第一八一件　1月8日，4个日本兵昨夜闯进高家酒楼附近49号袁宅，强奸3个妇女（21岁，25岁，29岁）。因为她们的动作慢了，就被日本兵用手枪打死。

第一八三件　1月8日下午6时，3个日本空军驾驶员轮奸华侨路4号内高姓的姑娘（18岁），轮奸以后又随意开枪射击。

第一八四件　1月9日，一个老人从难民区走到大沽巷，想看看家里的情形，是不是可以回去居住。3个日本兵站在门口，一句话没说就向他的两腿开枪。现在那个老人正在鼓楼医院治疗。

第一八五件　1月9日早晨，克鲁治和哈兹两人在山西路中央庚款大厦东边，亲眼目睹了一个日本兵军官和一个兵士虐杀池塘里的一个平民。池塘里的水没到平民的腰部，冰冷的冰块碰撞着他的身体。军官一声令下，日本兵趴在沙袋后面射击，第一枪击中肩部，第二枪没有打中，第三枪结果了他的性命。

第一八六件　1月9日下午3时左右，密尔士和史密斯两人到城西南去视察情形，恰好遇见一个抱着婴孩的女人，被2个日本兵轮奸了。

第一八七件　1月9日夜，一个宪兵闯进汉口路25号史密斯的住宅，抢走了一个女人，又从另一住宅抢走了另一女人，路上遇见李格斯就用刺刀威胁他不许声张。

第一八八件　1月12日晨，难民马某登记信息后，回家看看双目失明的母亲，却只看到了母亲的尸体。在路上，马某碰到了日本士兵，被脱光衣服，用刺刀刺伤，后来扔进防空洞。被人送到我们的总办公处，又由费煦送往鼓楼医院。

附录三

南京暴行报告（二续）

下面是从1月14日到2月9日向日方提出的报告，至此日军占领南京后的两个月内发生的惨绝人寰的故事就结束了。1月28日下午，日军强令难民返回家园，下面的报告叙述了他们在回到难民区外时的凄惨遭遇：

第二一九件　1月13日、14日两天，日本兵将南城某姓的妇女先强奸然后残忍杀害，家中11个人被杀，只有2个孩子幸免于难。

第一九○件　1月14日，一户难民从金陵大学附中回到家里，他们听说将登记证贴在门上日本兵就不会再去骚扰，于是将登记证贴在门口。但是张贴后不到一个小时，5个日本士兵闯进了他们家中，将男人赶了出去，轮奸了一个女人。他们全家被迫于第二天早晨重新回到收容所。

第一九五件　1月15日，金陵大学附属中学收容所里的一男一女两个人一起返回城南的家中，一个日本士兵想要强奸那个女人，她坚决反抗，被日本士兵当场用刺刀刺死。

第一九八件　1月19日，几个尼姑报告，昨天得到消息，一个朱姓尼姑的叔叔，65岁，一个星期以前到一个日方指定的米店买米，至今仍没有回家。现在才知道他被日本士兵抢走了钱，然后又被残忍杀害。

第一九九件　1月20日，据梅奇报告，外交部大厦红十字会医院里的受伤的士兵每天只有三碗饭。一个伤兵向不知道是军官还是军医的日本军人抗议，日本军人就扇了伤兵的脸，伤兵再次抗议就被拉出去用刺刀杀死了。

第二一一件　1月25日下午，一个女人来到鼓楼医院。据她报告，他们夫妻两人住在难民区圣经师资训练学校附近的一个草棚，12月13日，她的丈夫被日本兵抓走，她被日本兵带到南城的某个地方，每天被奸污7到10次之多，只有夜里才有休息的时间。她被传染了三种性病，梅毒、白浊和下疳。一直到5天前，才被放回来，重新回到难民区。

第二一五件　1月28日下午9时，日本兵闯进中山东路的天明（译音）浴室，向工役强索钱币，并开枪射击造成1人死亡，2人受伤。另外，自治委员会主持的浴室，曾受日军的特别保护。

第二三○件　1月29日，22岁的某姓少妇从难民区回三牌楼3号住宅，遭到日本兵奸污2次。她的丈夫在几天前回家的时候，被日本兵刺伤。

第二三二件　1月29日，陈王氏（28岁）跟女性同伴一起回家，路上遇到3个日本兵。她们无论如何恳求都没有结果，还是被拖进店堂里面强奸了，其中陈王氏被连续强奸3次。

第三三七件 1月29日下午，姚某跟家人一起回张府园的家中，日本兵闯进他家抢走了许多盒火柴。30日，日本兵又再次前去，扒光全家大小的衣服（连80岁的老妇也没能幸免），搜刮钱财，但是什么都没有找到。同一时间，邻居徐家被抢走法币3.5元。2月1日，日本兵又去他家搜索。他们实在受不了日本兵的骚扰想要重新回到收容所。

第三五三件 1月29日，39岁的黄陈氏被日本兵轮奸10次以上。

第二二二件 1月30日，金陵大学蚕桑系校舍收容所内的一家原来住在二条巷的难民被日方强令回家。当天晚上，3个日本兵闯进家中，叫起家里的男人。他们3人一个人带着刀，一个人带着枪，一个人空手。他们说他们是侦探，让大家不要惊慌，然后又叫男人去睡觉。搜索了一阵以后，带着刀的日本兵强奸了12岁的幼女，其他2个日本兵轮流强奸了一个老女人，一直到深夜才离开。31日，这户难民全家重新回到了收容所。

第二二四件 1月30日下午5时左右，数百名妇女恳求桑纳取消2月4日送她们离开收容所的决定。她们不想回家。据她们说，她们宁愿直截爽快地死在收容所里，也不愿意回到家后被奸被劫被杀。她们这样说："你们已经救了我们一半，如果现在不再照顾我们，就等于前功尽弃。送佛送到西天，好事做到底！"一位家住汉西门附近的62岁老妇回到家中，当天晚上日本兵就闯进家里要强奸她，她表示自己年纪太大了，当场遭到日本兵的毒打。她不得不重新回到收容所。

第二九○件 1月30日上午11时，金陵女子文理学院收容所内的一个小姑娘（约十一二岁），回到朝天宫黄泥巷19号家中，被4

个日本兵轮奸。

第三七八件　1月30日，陈氏回家看看，在石板街被4个日本兵遇见，然后被拖进恒茂酱园轮奸以后放走。

第三三三件　1月31日下午8时，2个日本兵闯进三牌楼某处住房。他们先爬上屋顶偷偷听听屋内是不是有年轻的姑娘。71岁的老妇人听到屋上有响声，走出门外查看。日本兵就从屋顶上跳下来，闯进屋子里，要老妇人交出姑娘。老妇人没有办法完成，就被那些日本兵毒打。他们还想扒下她的裤子，她顽强抵抗，头部又被日本士兵殴打。

第二二三件　2月1日上午6点半，又有一群妇女向裴志恳求说她们不能回去。昨天一个妇人怕收容所关闭后，会失去所有被褥等物品，就带着2个女儿回到了西华门家中。晚上的时候，日本兵闯进她家，想要强奸2个姑娘。她们不肯，便被日本兵杀死。所以这个妇人说回去是没有用的。与其回到家中被日本兵杀死，不如2月4日拒绝离开收容所而被日本兵杀死。

第三二七件　2月1日下午1时，3个日本兵闯进鼓楼五条巷某处住房，强行抓走了一个十一二岁的小姑娘。1月28日的时候已经有3个日本兵来过一次，并且强奸了2个女人。

第三八二件　2月1日，吴金生（译音）回到光华门外家中，7个日本兵拉出一个老女人，强迫他们两人性交，他们在旁边一边看一边大笑。

第三七五件　2月3日，马氏回家的时候，在同仁街碰见3个日本兵，被拉进空屋轮奸。（报告上由马氏打手指印）

第四四二件　2月2日，一个老百姓挑着菜进城，在光华门附近被日本兵拦下。日本兵叫他双膝跪地，并让他找“花姑娘”。日本兵又让他丢下菜篮，他只是稍有迟疑，就被日本兵用枪柄打断了腿骨。他足足走了2天才到达医院。

第四二六件　2月5日上午，一个日本兵闯进汉西门56号曹曾氏家中，想要实施强奸，所幸家人叫来了宪兵，没有让兽欲得逞。下午5时，这个日本兵再次前去，用刺刀戳伤曹曾氏的脸，随后曹曾氏被送院治疗。据威尔逊说，曹曾氏脸部伤势非常重，整个人陷入半昏迷状态，头盖骨可能已经碎了。

第四三○件　2月5日，一个日本兵闯入西华门附近大中桥陈姓（译音）住宅，向陈姓人强索姑娘。因为家里没有姑娘，这个日本兵就强奸了十七八岁的青年。

第四三六件　2月5日，3个日本兵闯入三牌楼郑姓（译音）老妇人家里，一个人守着大门，2人轮流强奸。那个老妇人已经60多岁了。强奸以后，一个日本兵还强迫那个老妇人用舌头舔秽物。她的孙子因为一直哭泣不停，被日本兵用刺刀刺了两次。

第四四四件　2月6日，一个受伤者来院报告，他在光华门外被日军强迫服役一个月，只得到3元工资，一直到部队开拔才恢复自由。他和几个朋友在宁海路上捡到了一些空麻布袋，恰好被山顶上的日本兵看见。日本士兵命令他们转身。他们转身后走了四十步路，他的左臂被一颗子弹击中，伤得非常严重，必须截肢。

第四二五件　2月7日，据报告，日本兵于2月6日下午5时左右，在百子亭后面击毙了3个男人和1个女人。今天上午，死者的邻居到我们的办公处来求证这件事。下午4点半，一个姑娘来我们这里，说被击毙的女人就是她的母亲，希望我们能够给予援助。几天前她的母亲准备勤俭节约，另立门户，便携带所有现金从收容所回家。所以，她希望从母亲的尸体上寻找到那些现金。

事实的经过是这样的：一个年老的人带着两把椅子，顺着铁丝网走，被日本兵拦住并立刻开枪射击。跟他一起的女人发现老年人并没有死，于是叫来两个男人带着一扇木门，想要将受伤的老人抬回去。谁知他们三个人刚刚到那里就被日本士兵开枪射击，全部被射杀。

拉贝和密尔士两人带着这个女人赶到出事的地方，看见血泊中的四具尸体：第一具尸体是一个老年人，第二具尸体是一个女人，第三、第四两具尸体是两个男人，尸体旁边是一个长方形的木门。

由于当时的时间太晚了，没有办法进行必要的手续，所以拉贝和密尔士两人决定第二天早晨报告自治委员会。

8日早晨，自治委员会传来消息说，他们已经知道了这件事情，他们的警察也已经报告了特务队。于是我们决定再去看看实际的情形。德国大使馆的罗森博士正好也在我们的办公处，他也想一起去看看。

罗森、拉贝、史波林和史密斯4个人一同前去调查，发现今天早晨红十字会已经将4具尸体转移到附近小丘上准备掩埋，只是地上和门上的斑斑血迹还在显示着惨剧曾经在这里发生。出事的地方还留着当时的木门和椅子。出事的地方距离一个池塘很近，离马路大约200码，离日军驻兵的地方更远。我们在出事地点的时间里并没有发现附近有日本兵。这里的一个老百姓告诉我们，本来已经有许多人回去耕种田地了，但这次事件又把他们吓走了。芦席包扎着四具尸体，灰白头发的是那个老年人，而女人则满手血迹。

第四二八件　2月7日，一个12岁的幼女昨天才跟随她的父母重新回到大方巷家中的，半夜就被强奸。今天她的父亲又把她送回了收容所。她的下体已经肿得不能走路了。

附录四

国际委员会之信函文件

中国当局曾完全承认南京难民区国际委员会的存在，而日本方面只是表示如果难民区内没有军队，那么日军就不会故意袭击难民区。

虽然中国当局撤销难民区里没有用处的军事机关已经很迟，甚至难民区西南角的一架小型高射炮现在还没有拆除，更甚于12月12日夜间中国军队还通过了难民区。但是中国军队在13日早晨的时候已经全部撤出了难民区，双方军队在难民区并没有真正的火力接触。只是难民区南部被日军的9枚炮弹击中，造成约40人死亡。因此难民区的发起人一方面预料到中国军队撤走和日本军队占领之时难免会发生一些骚扰事件，另一方面又希望几天的骚扰过后，哪怕商业不能立刻繁荣，农业不能马上丰收，至少可以恢复正常的社会秩序，难民们可以获得帮助重返家园、过上正常的生活。

国际委员会努力与日军当局达成共识。12月13日下午，日军先锋部队进入南京的时候，国际委员会主席就到汉中路迎接，并向他们说明了难民区的情况。那个先锋部队所携带的军用地图上，并没有标出难民区的位置。14日早晨，国际委员会曾向领导占领部队的长官送去一份公函（第一号），但日本长官并没有接受，说这件事情必须要跟特务机关负责人商谈。15日中午，特务机关负责人原田少将接见了国际委员会主席，并在会谈后去难民区巡视一周，还访问了难民区国际委员会总办公处。

第一号文件　（1937年12月14日国际委员会致日军当局公函）：

径启者：贵军对于难民区，未加轰击，不胜感戴。敝委员会兹将今后如何保护难民区内中国平民的计划，提出与贵司令讨论之。

敝委员会已负责将南京难民收容于区内各房屋，已存储若干米粮，暂时维持难民生活，并已行使区内的警察权。

敝委员会兹恳请贵司令俯允下列数端：

一　难民区各入口处，均派卫兵一人驻守；

二　敝委员会得行使区内的警察权，所有平民警察仅携手枪；

三　敝委员会得出售米粮，设立施粥厂，并得向难民区外的米栈两处，自由装米；

四　在难民未能回家前，敝委员会得继续进行目前的收容事宜（实则无家可归的难民，已不在少数）；

五　敝委员会得与贵司令合作，恢复电话电灯自来水等。

昨天下午，一部分中国兵被包围于城北，其中数人奔赴敝处，吁请在人道的立场上，拯救他们的性命。敝处曾派员访问贵司令部，但行至汉中路即为贵军所阻，未能前进。敝处当将中国兵解除武装，纳入收容所。敬希贵司令动恻隐之心，使他们重过平民生活，以遂所愿。

国际红十字会南京委员会，其主席为美国人梅奇牧师，现管理设立外交部、铁道部及军政部内的伤兵医院，敝委员会拟将所有受伤的中国军民，迁入外交部大厦内。

关于保护本市平民的问题，敝委员会愿以任何方法与贵司令合作。

内附南京难民区国际委员会名单及国际红十字会南京委员会名单各一份，敬希查照。主席拉贝（签字）。

附件一（南京难民区国际委员会委员名单）

序号	姓名	国籍	服务机关
1	主席拉贝（John H. D. Rabe）	德国	西门子洋行
2	秘书史密斯博士（Lewis S. C. Smythe）	美国	金陵大学
3	福娄（P. H. Murno-Faure）	英国	亚细亚火油公司
4	梅奇牧师（John Magee）	美国	美国圣公会
5	希尔滋（P. R. Shields）	英国	和记洋行
6	汉森（J. M. Hanson）	丹麦	德士古火油公司
7	潘亭（G. Schultze-Pantin）	德国	兴明贸易公司
8	麦寇（Ivor Mackay）	英国	太古公司
9	毕戈林（J. V. Pickering）	美国	美孚煤油公司
10	史波林（Eduard Spering）	德国	上海保险公司
11	裴志博士（M. S. Bates）	美国	金陵大学
12	密尔士牧师（W. P. Mills）	美国	长老会
13	里恩（J. Lean）	英国	亚细亚火油公司
14	德利谟（C. S. Trimmer）	美国	鼓楼医院
15	李格斯（Charles Riggs）	美国	金陵大学

附件二（国际红十字会南京委员会委员名单）

序号	姓名	职务
1	梅奇牧师	主席
2	李健南（译音）	副主席
3	罗威（W. Lowe）	副主席
4	福斯多牧师（Ernest H. Forster）	秘书
5	克鲁治（Christian Kroeger）	会计
6	德威南夫人（Paul DeWitt Twinem）	委员
7	魏特琳女士（Minnie Vautrin）	委员
8	威尔逊（Robert O. Wilson）	委员
9	福娄	委员
10	德利谟	委员
11	麦加伦牧师（James Me Gallum）	委员
12	裴志博士	委员
13	拉贝	委员
14	史密斯博士	委员
15	密尔士牧师	委员
16	普特希伏浴夫（Cola Podshivoloff）	委员
17	沈玉书牧师（译音）	委员

第二号文件　（1937年12月15日国际委员会致日使馆参赞福田公函）：

径启者：敝委员会对于解除武装的中国兵问题，颇感棘手。敝委员会的初意，原拟在难民区不留置一个中国兵，迄12月13日午后为止，确有相当成就。该时有中国兵数百人，从北面入难民区，乞求援助，敝委员会当据直以告，不能保护他们，但表示倘解除武装，放弃抵抗，日方或能予以宽容。

13日晚，在混乱和匆促中，敝委员会未能将解除武装的中国兵与平民相隔离，而且一部分中国兵已脱去军服，更难判别。

敌国兵士固为合法的俘虏，但敝委员会深希贵军当局在措置徒手的中国兵时，能竭力避免牵累无辜平民，并望贵军当局能重视人道，保护俘虏，采取仁慈的态度，据敝委员会的意见，他们可充夫役，如能使之恢复平民生活，自属最佳。主席拉贝（签字）。

第三号文件　（1937年12月15日国际红十字会南京委员会致日使馆参赞福田公函，要求日军予以保护）：

径启者：鉴于南京受伤兵民之多，鄙人等乃发起组织国际红十字会南京委员会，以应付当前的环境。

敝委员会已呈请上海国际红十字会及中国红十字会，分别予以承认。兹特恳求贵使馆转请贵军当局，准许敝委员会进行人道工作。内附委员会委员名单一纸（已见第一号文件），敬希查照。秘书福斯多（签字）。

第四号文件　（1937年12月15日中午，日本特务队队长与国际委员会负责人谈话记录）：

译员：福田（此次谈话实际上是日本特务队队长发表意见，来答复国际委员会14日致福田的公函，既没有提出什么新的问题，也没有机会讨论）。

出席者：主席拉贝、秘书史密斯、总督查史波林。

一　必须搜索城内的中国兵。

二　将派兵驻守难民区各入口处。

三　难民越早回家越好，所以必须搜查难民区。

四　可以相信日军对那些已被解除武装的中国兵的仁慈态度。

五　难民区内可以有警察，但是除了警棍以外不能携带任何武器。

六　贵委员会在难民区内拥有的1万吨存米，可以供给难民，但日军能够自由购买（关于难民区外的存米，并没有明确答复）。

七　电话电灯自来水必须想办法修复，下午将与拉贝先生一同前去查看。

八　工役非常缺乏。从明天起将进行扫除工作，需要工役一二百人，希望贵委员会援助，工资照给。

九　将查看米栈，并对米栈进行保护。

第五号文件　（1937年12月16日国际委员会致日使馆参赞福田公函，要求恢复秩序，并敦促他注意日军暴行）：

径启者，在昨天的谈话中，贵方指出本市的正常生活，殊有从速加以恢复的必要，但贵国军队昨天在难民区内连续骚扰，愈增难民的恐怖情绪，难民甚至不敢赴附近粥厂，敝处不得不把米粥送往各收容所，多费周折。因为没有苦力装取米煤，今晨数千个难民枵腹。敝委员会今晨竭力设法以卡车装取米煤，通过步哨线，使难民不再挨饿。

此种恐怖状态如继续存在，本市任何正常的活动，即无法进行，如电话、电灯和自来水的供给，商店的复业，以及街道的清洁等，均以恢复秩序为先决条件。

为迅速改善现状起见，敝委员会兹向贵国军队建议，立刻采取下列三项步骤：

一　举行搜索时，宜由正式组成之队伍负责，并由一军官指挥。

二　入夜，派兵驻守难民区各入口处，以阻止散荡士兵闯入难民区，最好日间也能同样办理。

三　请于今日发给特别通行证，贴于汽车卡车上，免遭日军扣留。

按中国军队在万分困难之际，尚供给敝处卡车三辆，以便运送米煤。今贵国军队已控制全城，附近已无战事，配备更为完善，对于中国平民，自将尽力帮助。

昨天因贵国高级军事长官抵达此间，敝委员会认为秩序即可恢复，故未提抗议。不料晚间情形更为恶劣，敝委员会不得不胪陈各点，促请贵国军事当局注意，并设法加以阻止。秘书史密斯（签字）。

第六号文件　（1937年12月17日国际委员会致日使馆公函，向日使馆说明难民区的特殊地位）：

径启者，敝委员会代表昨与贵国驻京总领事冈崎胜雄谈话时，冈崎君谓敝委员会并无法律上的根据，因此对于敝委员会的地位，提供解释如下：

开宗明义，敝委员会所要求者，并非任何政治上的地位。按于12月1日起，南京市市长马超俊，即以市政府所行使的职权，畀予敝委员会，俾应付过渡的紧急时期，其中包括警察、重要公用事业、消防、住宅、食物及卫生各项职权。故贵国军队于12月13日胜利入城时，敝委员会实为唯一行使职权的机关。当然，所谓职权仅限于难民区，而且也不涉及难民区的主权问题。

委员会一方面为南京唯一的行政机关，一方面因获得上海贵国当局的保证，谓难民区内倘无中国军队或军事机关，则日军不致故意加以攻击，故敝委员会当贵军先锋抵达南京时，即迅谋建立关系。12月13日午，贵军一小队休息于汉中路。敝委员会派遣代表迎迓，向军官解释难民区的地位，在军用地图上指示其位置，促请注意三处红十字会医院，并说明中国兵被解除武装的真相。他的表示很为坚定，因此敝委员会觉得贵军已明了一切。

12月14日，敝委员会草拟公函一件，并译成日文。拉贝、史密斯与福斯多三人。先后拜访贵军长官五人，均不愿接受公函，谓15日将有高级长官莅临，不妨稍待。

15日早晨，贵使馆参赞福田偕贵军代表关口，访问敝处，当以上述公函面交福田君，并向关口君表示，对于修复电厂事，深愿合作。中午，敝委员会代表得与贵军特务机关长，相晤于交通银行大厦内，对于14日公函，作口头答复如下：难民区入口处将派兵驻守；难民区内得留置警察，除警棒外，不准携带武器；敝委员会得享用存米1万担，并得将区外的存米运入；恢复电灯电话自来水的供给，愈速愈妙。但对14日公函内第四点，并无明确答复，仅谓难民应早日回家。

根据上述口头答复，敝处即鼓励警察行使职务，确告难民，谓将受优待，并开始搬取存米。但事实的发展与此完全相反，自15日以后，卡车驰过街道，如无西人坐镇，必遭扣留无疑；受敝处指挥的红卐字会，在难民区内收拾尸体时，卡车或被劫去，或被劫未成，昨天更有红卐字会的工役14人被绑。难民区内的警察屡遭干涉，昨天驻屯在司法部内的警察50人，被捕而去，当时据军官云："拖去枪毙"，午后又有志愿警46人被捕而去。按敝委员会鉴于原有警察，不敷分配，乃于12月13日组织志愿警，协助工作。该项志愿警既无制服，也无枪械，仅缠敝委员会的臂章，与其称为志愿警，毋宁称为童子军。14日，敝处的救火车4辆被没收，以供贵军运输之用。

在青黄不接的期间，敝委员会暂时行使市政府的职权，管理南京的市民，待贵方树立新的市政府或其他组织时，准备全部移交，关于此点，敝委员会曾竭力向贵使馆及贵军当局，反复解释。不幸贵国士兵殊不愿敝委员会继续负责，维持秩序与安宁。结果敝委员会维持秩序与安宁的整个办法，到了12月14日就宣告解体。换言之，当贵国军队于13日开入南京时，所有平民几乎完全聚集于难民区内，既未遭中国军队抢劫，也没有受到猛烈的轰击，所以区内损害的情形，甚为轻微，贵方正可和平接收难民区，恢复整个南京的正常生活。可是，贵国士兵于14日起竟大施劫掠、奸淫屠杀，南京外侨27人与中国平民，不禁为之骇然。

敝委员会所请求的，是贵国军队迅速恢复纪律，迅速恢复正常的生活，关于后者，敝委员会颇愿竭力合作。可是，昨晚八九时，据外籍职员5人视察后回来报告，难民区内及入口处，均无驻守。由于昨天的恐怖和警察被架，其余警察都不敢在街道上露脸。但见三五成群的日本兵，东窜西浪，奸淫掳掠种种暴行的报告，如雪片飞来。足证敝委员会16日所奉公函，要求派兵驻守入口处阻止散荡士兵入内一点，显然未加注意。

因此之故，敝委员会兹再建议下列各点，作为移交职权前的准备步骤：

一　贵国军队设立经常的宪兵巡逻队，日夜巡视难民区，遇劫掠财物奸污或强抢妇女的士兵，立刻加以逮捕。

二　贵方接收由前南京市政府移交敝委员会的警察450人，加以组织，使之维持难民区内的和平与秩序。

三　除难民区外，城内到处起火，敝委员会建议改组消防处，受贵方的管理，返还4辆救火车，充实消防的实力。

四　贵方迅速招请市政专家一人来京，措置市民生活，纳入常轨，以待新市政府的产生。按目前除警察消防队及职员3人外，前市政府已空无所有。贵国军队占领了南京的躯壳，控制了南京的贫民，有知识有能力的中国人都已向西逃避。

兹再向贵使馆郑重声明：敝委员会殊无意继续行使半行政机关的职权，深盼贵方迅予接收，使敝委员会成为单纯的救济机关。

三日以来，难民饱经蹂躏，如此种事态继续发生，则救济工作，势必倍增。敝委员会成立难民区时，确定一项原则，即：各难民家庭自身，应尽量设法解决食住两项问题，以减轻畸形组织的负担。不过，照目前的情形看来，几天内将有大批难民与饥饿相挣扎：他们的食料和燃煤逐渐告罄了，他们的金钱衣服什物是给日本兵抢去了，而因为没有人敢开店或在街店道上来往。正常的生意或其他活动，都无法进行。同时，从12月14日早晨起，敝处的运货卡车几乎无法使用。

倘目前的事态不迅予补救，在饥饿威胁之下的难民，恐将发生骚动。若干难民住宅，一夜遭日本兵闯入五次，或劫掠财物，或凌辱妇女。第二天早晨，自然要“迁地为良”了。昨天午后，一方面有贵国军官3人，嘱敝处协助恢复电话，一方面却有许多电话工人（身悬敝委员会的徽章）被绑架到秘密的地方。倘此种恐怖暴行继续发生，实无法招雇工人，推动公用事业。倘贵国军事当局不立即勒令部下，严守纪律，要解决20万难民的饥饿问题，就非常困难。关于这一个问题，敝委员会随时准备与贵方合作，使可怜的南京平民能够重过正常的生活。缕述经过，诸希谅鉴，主席拉贝（签字）。

第七号文件 （1937年12月18日国际委员会致日本大使馆公函）：

径启者，贵国军队在难民区内，续施骚扰，鸡犬不宁，20万难民痛苦呻吟，敝委员会不得不请求贵使馆，转呈贵国军事当局，迅速采取有效行动，阻止不幸事态。

暴行的报告，纷至沓来，无暇缕述。昨晚敝委员会委员裴志博士赴金陵大学宿舍过夜，准备随时保护逃难的妇女约1000人。但宿舍前和图书馆新厦前，都没有宪兵驻守。8时左右，费煦和史密斯两君送密尔士牧师赴金陵女子文理学院过夜，保护妇孺约4000人。三人被索搜队逮捕，扣留达一小时。军官将管理该校的魏特琳女士，陈（译音）太太，和女友德威南夫人驱立校门挨冻，坚称校内有中国兵，要进去搜索，加以枪杀，最后，军官允许三人回去，但不准密尔士留宿校内，故事后如何，不得而知。

16日，贵国军队从司法部大厦架去数百人，（参阅附件）并架去警察50人。此种局势如不予以澄清，则难民区内20万平民的生命，绝无保障。

妇女因不堪蹂躏，纷纷涌入金陵大学所属各机关内，要求保护，男子日趋隔离。像小桃源语言学校内，迄12月15日为止，原有男女难民600人，该夜许多妇女被强奸，妇孺400人即于16日早晨奔往金陵女子文理学院，剩下男子200人。这些地方本来预备容纳难民35000人，现以大批妇女迁入，已超过5万人。

照目前的情形看来，不仅住的问题渐见严重，就是吃的问题和招雇工人的问题，其困难也必增加。今晨，贵方代表菊池君访问敝处，要求设法招雇电厂工人。敝处当告以无从应命，因为就是敝处的工人也不敢出外工作。所有各收容所米煤的供给，均由敝处西籍委员和职员负责装送，敝处食物管理委员会的负责人，两天不敢离开住宅一步，住宅设计委员会的副主任在汉口路23号家中，目睹日本兵强奸2个妇女。桑纳君因为要送米，不得不离开南京神学院中的难民2500人。昨天白昼，日本兵闯入该学院，在人丛中奸污妇女多人。敝处22个外侨，不能够养活20万难民，也不能够日夜保护他们。这是日本当局的责任。贵方如能保护他们，敝处当协助贵方养活他们。

还有一件事情，贵国军官念念不忘，就是：搜索难民区。他们认为难民区内全是便衣队。关于一部分中国兵解除武装，于13日午后闯入难民区要求保护一事，敝委员会曾屡次通知贵方。目前则敢担保区内已无中国兵，因为所有中国兵早经贵军搜索队肃清，且累及许多平民。

敝委员会兹再提出下列具体建议：

甲　约束士兵事项

一　宪兵日夜巡逻难民区。

二　敝委员会曾要求派兵驻守各入口处，此事迄未实行。望贵军当局设法阻止士兵闯入难民区（尤其在夜间），滥施奸淫掳掠屠杀。

三　请派兵驻守敝委员会所辖较大的收容所19处（参阅附表），阻止士兵越墙而入。

四　请发给日文布告，张贴于各收容所门前，说明收容所的性质，禁止入内骚扰。

乙　搜索事项

一　贵军搜索队对于敝委员会所辖各收容所，似有误会，请贵军派一高级长官，由敝处派员同往18处收容所，视察真相。

二　鉴于难民区内已无解除武装的中国兵，从未发生便衣队袭击的事情，各收容所和私人住宅，已被搜索许多次，而每次搜索仅系劫掠与奸淫的借口，因此贵军倘能常派宪兵巡逻难民区，则中国兵将无法容身。

三　只要两三天能够平安无事，米煤就可装运，店铺就可开门，工人就可工作，重要的公用事业就可推动，平民就可恢复正常的生活。

丙　警察事项

司法部大厦内的警察50人，此外另有志愿警45人，先后被捕，此事昨天已由敝委员会促请贵方注意，兹悉最高法院内的警察40人，又被逮捕。据贵国军官在司法部宣称：那些警察的唯一罪状是他们在该处搜索之后，引入中国兵，故须枪决，实则送往该处的系无法容身的若干平民妇孺，此事敝委员会的西籍委员可负完全责任。昨天，敝委员会曾建议将难民区内的警察450人，加以改组，受贵方的直接指挥。深信被捕的警察90人，能恢复原来的地位，至被捕的志愿警45人，深信贵方能送还敝处，或以目前服役的地点相告。

上述各点，敬希采纳，附收容所表一份及备忘录一件，一并查照。主席拉贝（签字）。

附件一（1937年12月17日难民区收容所表）

地点	难民人数	性别
一　交通部旧厦	10000	合家
二　五台山小学	1640	合家
三　汉口路小学	1000	合家
四　陆军大学	3500	合家
五　小桃源南京语言学校	200	男
六　军用化学厂	4000	男
七　金陵大学附中	618000	合家

地点	难民人数	性别
八　圣经师资训练学校	3000	合家
九　华侨招待所	2500	合家
十　南京神道学院	2500	合家
十一　司法部	无	
十二　最高法院	无	
十三　金陵大学蚕桑系	4000	合家
十四　金陵大学图书馆	2500	合家
十五　德国俱乐部	500	合家
十六　金陵女子文理学院	4000	妇孺
十七　法学院	500	合家
十八　农村师资训练学校	1500	合家
十九　山西路小学	1000	合家
二〇　金陵宿舍大学	1000	妇孺
总　计	49151340	

附件二（关于司法部收容所事件的备忘录）

查于12月16日早晨，日本兵数人在一军官指挥之下赴司法部大厦，坚持欲将男性难民拖去枪决，并将警察50人同时拖去。

按在两天以前，即12月14日，日本军官一人，检查该处半数难民，当时两三百人因有曾服兵役的嫌疑，当被逮捕，其余350人则认为确系平民。第一次检查甚为审慎，据该军官宣称，尚有半数难民，将于15日进行检查。但15日并无军官前往。16日，始有军官一人赴该处，竟谓收容所内的中国兵，均于14日检查带走，因此他在未经检查的半数难民丛中发现若干中国兵时，便诬指敝处和警察于检查后，将中国兵混入收容所。

实则敝处送往该收容所的确系平民，因为他们被日本兵威胁，不敢在家中安身，故由鼓楼医院的麦加伦和敝委员会的委员裴志两君送往司法部。16日之所以还发现中国兵，并非敝处将中国兵混入收容所，而是因为日本军官没有按照预定的计划，于15日前往检查其余半数的难民。

16日早晨的事件，麦加伦和李格斯两君在场目睹。日本军官曾三次以军刀威胁李格斯，并痛殴其胸部。李格斯不断向该军官解释真相，竭力避免使平民遭殃。敬希查照。秘书史密斯（签字）。

第八号文件　（1937年12月19日国际委员会致日本大使馆公函）：

径启者，兹附奉“日军暴行报告”自第十六件起，至第七十件止。这些不过是敝处所知道的一小部分。史波林、克鲁治、哈兹和李格斯四君，赶往各处，护送贵国士兵出屋，一天要耗费许多时间。他们简直无暇报告所见的不幸事态。

今天的情形仍恶劣如常。今天确有贵国军官一人到难民区内宁海路附近，捕去许多滋扰的士兵。但这并不能根本解决问题！

拉贝君家中有避难的妇孺300人，不敢离开一步，因此不能前来。

深盼贵方立即派兵驻守18处收容所及鼓楼医院，这样在苦海中至少有19个地方比较安全，可以庇护三分之一或四分之一的难民。

诸希鉴宥。秘书史密斯（签字）。

第九号文件　（1937年12月20日国际委员会致日本大使馆公函）：

径启者，兹附奉“日军暴行报告”，自第七十一件起，至第九十六件止。二十六件报告中，十四件发生于昨日午后，晚间和今晨，足见情形并未改善。

昨夜贵国士兵曾入金陵女子文理学院强奸妇女（贵领馆警察一人驻守该处），金陵大学总院内幸未发生事故。敝委员会兹再恳请贵方每晚派兵驻守各收容所及鼓楼医院，并于日间派兵驻守金陵女子文理学院对面和金陵大学运动场上的粥厂。

据敝委员会的意见，贵方似可采取更为严峻的办法，约束士兵。至目前所有宪兵，因人数太少，殊难应付局势云。主席拉贝（签字）。

第十号文件　（1937年12月21日南京22名外侨联名上书日本大使馆，要求立刻制止日军有计划的放火暴行，并迅速恢复秩序）：

径启者，鄙人等为南京20万平民的安宁计，为人道计，敬恳贵方迅速采取下列三项步骤：

一　纵火的暴行立予制止，使残余的部分不再遭无情的或有组织的焚毁。

二　一星期来，无辜平民因贵国军队不断骚扰而所受的苦难，已甚为重大。该项骚扰的暴行，应立予制止。

三　劫掠放火，愈演愈烈，市面僵滞，20万平民沦为一群难民，而国际委员会所存米粮，仅足维持一星期，故不得不恳请贵方迅速设法恢复正常的生活状态，庶各项生活要素可源源补充。

目前的情形势将招致严重的饥荒。鄙人等兹为难民请命，要求贵方保证难民的食住与安全。心所谓危，难安缄默，敬希亮察。南京全体外侨（签字）。

第十一号文件　（1937年12月20日国际委员会致日本大使馆公函，抗议日军强奸妇女）：

径启者，兹附奉“日军暴行报告”，自第九十七件起，至第一一三件止。裴志博士的报告另呈。所有暴行，除第一项外，均发生于昨日午后迄今。

难民区内每天有许多妇女横遭蹂躏，其中有牧师的妻子，有青年会工作人员的妻子，有大学教授的妻子，她们平时都洁身自爱，清白无瑕。

因贵国士兵不断闯入住宅，敝委员会所辖各收容所的难民，人数激增，照预定的计划，不拟超过35000人，现在的总数已达68000人了。

深信贵国军事当局，即将采迅速而有效的手段，以挽救目前的不幸事态。秘书史密斯（签字）。

第十二号文件　（1937年12月22日日本宪兵司令通令全体人民领取护照）：

为布告事：自12月24日起，宪兵司令将签发平民护照，以利居留工作。凡各平民均须向日军办事处亲自报到，领取护照，不得代为领取，倘有老弱病人，须家属伴往报到。无护照者一概不得居留城内，切切此令。

第十三号文件　（1937年12月26日国际委员会致日本大使馆公函）：

径启者，贵军骚扰事件渐见减少，情形已改善多多，不胜欣慰，但仍须努力，以肃清局势。

敝委员会所辖收容所三处，又发生骚扰：（一）圣经师资训练学校收容所，贵国士兵7人，已接连四晚前往奸淫妇女，昨天竟通宵胡闹；（二）汉口路小学收容所；（三）五台山小学收容所。

费煦与史密斯两君曾于今日午后访问贵使馆，商议此事，并恳请派遣宪兵驻守上列三处，以观其效。附“日军暴行报告”，自第一三七件起，至一五四件止，敬希查照。秘书史密斯（签字）。

第十四号文件　（1937年12月27日国际委员会因为粮食问题致日本大使馆公函）：

径启者，查12月1日前南京市市长马超俊以保护难民区内中国平民的责任，移交敝委员会时，曾指拨米3万担，面粉1万袋，作为临时救济之用。该项食粮或分发难民，或平价出售，敝委员会有全权支配。至售米所得现款，可供许多迫切的用途。

在12月1日至11日的期间，贵军进攻南京，四门紧闭，敝委员会当将米1万担，面粉1000袋运入难民区，其余则拟于战后再行装取。关于此事，敝委员会在12月14日致贵军当局的公函中，曾郑重提及，并希望能自由装取。

12月15日中午，贵军特务队队长与敝委员会代表举行谈话时，表示已经运入的1000担，可自由使用，并谓将检视存米地点，加以看管，迄今敝委员会尚未蒙准允赴难民区外装取存米。除拨交敝委员会的3万担外，中国军事当局在南京附近尚存米10万担，随着南京的陷落，该项存米大半入于贵军之手，故恳请贵方准许敝委员会装取其余2万担，以惠灾黎。

两星期来，骚扰不安，敝处忙于向各收容所及粥厂分米分煤，无暇及此，今秩序稍见良好，拟乘此机会装取米煤。

难民家庭所有米粮，迅将告罄，因此敝处存米的需要激增。如以敝处的存米来供给全部难民，仅足维持一星期，即使目前能恢复秩序，多数难民也非靠赈济过活不可。

粥厂的存煤也只够一星期之用，故立刻需要补充。

务祈贵使馆与贵军当局妥筹办法，以利敝处装取米煤面粉。主席拉贝（签字）。

第十五号文件　（1937年12月27日下午5时国际委员会因燃料问题致日本大使馆公函）：

径启者，贵使馆今午曾向拉贝与史密斯两君，询及敝委会可以取煤之处，午后特由李格斯君出外巡视，据报告，未遭贵军封闭的煤栈仅有四处。最近的煤栈属于美商，敝处要求得立即动用该栈存煤50吨。

敝处需煤300吨，始能度过2月初，再要300吨，始能维持到3月初。这些仅指粥厂的需要而言，难民家庭的需要尚不在内，约在1000吨以上。换言之，煤的需要合计1600吨，务希贵方予以注意为荷。秘书史密斯（签字）。

第十六号文件　（1938年1月4日国际委员会致日本大使馆公函）：

径启者，兹附奉"日军暴行报告"，自第一七六件起，至第一七九件止，第一七八件述及收容所内妇女被绑的事情，其中1人现入鼓楼医院，5人失踪，毫无音讯。

贵使馆是否愿意派员会同敝处代表，前往医院探视，询问5人下落，以便贵国宪兵进行调查及援救，事关5人生命，故冒昧陈词，诸希见谅，并予接纳为奉。主席拉贝（签字）。

第十七号文件 （1938年1月7日国际委员会致日本大使馆参赞福田公函）：

径启者，鄙人昨日午后得与阁下畅谈，甚感。敝委员会深望南京迅速恢复秩序与正常生活状态，实属毫无疑义。敝委员会对于自治委员会，殊乐观其成，并盼该委员会能迅速行使警务、消防及卫生各项职权。敝委员会对地方政府的行政权，毫无恋栈之意。

扼要说来，敝委员会仅属一救济机关，其组织之初，原以保护难民为特殊的任务。此种难民的境遇，在在使人予以同情和怜悯。同样性质的委员会已成立数处，上海的南市难民区即其一例。松井大将且慨捐1万元，足见贵军最高当局也赞助此种委员会的人道工作。

各方所捐助的款项物料，既专为救济难民，敝委员会自当肩负特殊的责任，以符各方的期待与信托。故鄙人以为敝委员会未便将款项物料，移交其他机关。对于救济难民事宜，敝委员会乐与任何机关如红十字会、红卐字会等合作，但敝委员会应肩负完全责任，使所有款项物料，获得最妥善的用途。阁下谅能洞察此点的合理。

而且，敝委员会所有的款项物料，与实际的需要比较，相去甚远。敝委员会能力所及，仅属一小部分，更广大更适当的计划，应由自治委员会负责进行。自治委员会必能比较敝委员会或任何机关推动更多的工作。深望贵军当局协助自治委员会，为难民获取食粮与燃料。实则即使通力合作，犹恐不能应付迫切的需要。

最后，鄙人尚有一言。最简单与最有效的救济办法，莫过于恢复正常秩序与军队纪律。如此点不能办到，则一切无从谈起，换言之，难民不能回家，商店不能开门，交通不能维持，公用事业不能进行。如军队纪律先能恢复，则救济问题较易着手，正常秩序的恢复也较易实现。务祈贵军当局予以深切考虑。附恢复南京正常秩序意见书一份。敬希亮察。主席拉贝（签字）。

附件

甲　难民区外急需恢复秩序：

一　目前难民区外，毫无安全可言，许多难民不敢回家。

二　目前难民区外，陷于骚扰状态，店铺不敢开门，居民无法购买生活上的必需品。

三　目前难民区内的经济生活，完全依赖过去的积储，一切生产完全停顿。此种情形愈延长，人民的贫困愈增加。故必先予以安全的保护，然后正常的经济生活，才能恢复。

乙　如何恢复难民区外的秩序：

一　难民分区迁回，第一批最好迁回汉中路以南沿中正路中华路一带，因该区居民入难民区的很多，被焚毁的房屋较少。

二　在难民迁回某区之前，该处需办到下列几点：

1. 不准散荡士兵闯入。

2. 加派宪兵及武装警察维持纪律，倘遇骚扰行为，居民得随时报告。

3. 开设米店。

4. 解决饮水问题。

5. 组织普通警察。

丙　如何恢复经济生活：

一　民众对于军队的一切服务，应含商业性质，不应以强迫征发为基础。自治委员会可尽代雇员工之责。

二　城内城外交通应立即恢复：

1. 各城门得自由出入。

2. 装货载客的舟车须绝对安全，无劫掠没收的危险。

3. 人力车马车得在街道上安全行动。

4. 2月初，南京近郊的农民得安全开始春耕。目前避居城内的农民均不敢出城。

三　此外，银行、电报、电话、邮政、市铁道及公共汽车等，也均应恢复。

丁　放火行为必须制止：

一　目前被焚毁的不仅限于店铺，许多住宅同时遭殃。

二　火焰弥天，物质资源日趋耗竭，经济生活更难维持。

三　电线水管破坏。

四　一般平民在心理上愈感不安，恐迁回以后，房屋仍不免付之一炬。

第十八号文件　（1938年1月13日国际委员会因粮食问题致日本驻南京代理总领事福井公函）：

径启者，敝委员会基与上海商业储蓄银行订购米麦合同，成立已久，兹因救济难民，需要该项订货，甚为迫切，希阁下鼎力协助获得取货之许可证。该项米麦完全分发难民，并不出售。各货栈虽为贵军所封存，但鉴于敝委员会所订购之米麦，系商业银行之货物，且贴有该银行之封条，当不难放行也。兹开列地点及数量如下：

三汉河第一货栈	麦5000袋	米2000袋
汉西门第二货栈	麦4000袋	
下关第四货栈	米1000袋	

如蒙斡旋，不胜感谢。费煦（签字）。

第十九号文件　（1938年1月14日国际委员会致日本大使馆参赞福田公函）：

径启者，按于去年12月21日，南京外侨22人曾向贵方当局陈述，所存食粮燃料，殊难维持20万平民的生活，并请求设法应付危局。12月27日，鄙人复与福井先生讨论此事。据福井先生称，关于米的问题，军队方面拟使自治委员会负责措置，至粥厂所用之煤，彼个人当代为设法。但仍有煤栈一处归自治委员会支配，专供接济难民。当敝委员会于12月27日初次派员调查时，该栈有存煤550吨，旋存煤大半被人窃取，粥厂仅得100吨。

同时，贵军军需处石田少佐告敝处史波林君，谓可出让大批米麦，克鲁治与史波林两君即往访问石田少佐磋商，允出让米5000袋，面粉1万袋。1月7日，敝处向石田少佐定购米3000袋，面粉5000袋，彼并允出让煤600吨。可是，三天以后，当克鲁治君接洽取货时，石田少佐忽谓米煤面粉一概不能出让，因均须由自治委员会主持分配。

1月8日，据自治委员会向敝处声称，贵军当局规定米1250袋交由自治委员会分发难民区外的难民，另1万袋照平价出售，嘱敝处协助装取。9日，敝处准备就绪，10日晨，卡车5辆出动。当时，贵军当局允许自治委员会先将准备分发的1250袋出售，然后从1万袋中拨出该数，分发难民。两天以内，1250袋销售一空。12日，前往装取其余1万袋，忽生变化，谓仅准每隔三日装取1000袋。13日，敝处派员检点七处煤栈，始悉存煤或被搬去，或被焚毁。按七处煤栈于12月27日存煤超过2000吨。

对于难民问题，敝处与贵方及自治委员会随时均愿合作。自治委员会嘱敝处收歇米店，敝处即于1月10日使米店停止营业，并于同日协助自治委员会装米，这两点就可以看出敝处合作的诚意。

贵方所登记的平民达16万人，其中并未包括10岁以下的孩童，有时且未包括较老的妇女。故本市平民的总数恐在25万到30万之间。养活如许难民，每天需米2000担，约合1600袋。倘每隔三天始准取米1000袋，则仅及实际需要的三分之一。迄今为止，难民区内许多平民依赖自己的存粮，但存粮渐罄，从1月1日起，米的需要就骤然增加。目前必须设法使平民每天得购米1000袋，并迅速增加到每天1600袋。

此外，尚须有大批面粉，2000吨煤及其他燃料，以供一两个月的需要。目前须有周详而健全的计划，减少冬季难民的苦痛。

办法既已决定，贵方中途何故忽又予以取消，故特函询真相。难民必须果腹，无米无煤，试问何以为生。希阁下速与贵军当局洽商，使难民的食粮燃料，得继续接济。至食粮燃料或由敝委员会经手，或由自治委员会经手，并无差别。敝委员会所念念不忘者，厥为全体平民的生活要素，能源源不绝而来。如照商业性质办理，更易收效。

再者，倘阁下认为敝委员会的工作，有须加改善之处，望不吝赐教，敝委员会当乐于接受。专此奉达，敬希鼎力协助为荷。主席拉贝（签字）。

第二十号文件　（1938年1月15日国际委员会致日本大使馆公函）：

径启者，今晨敝处接到上海发来的无线电，据称已为敝处准备大批食品（约600吨），待敝处获得贵军当局的准许后，即可装出。

贵军石田少佐前与敝处代表谈话时，曾谓贵军无法出让花生、豆、油、菜蔬之类，以供平民的需要。倘平民仅仅吃白米饭，数星期以后，恐将疾病丛生。故敝处致电上海，嘱募集捐款并设法获取该项食品。尚希贵使馆转达贵军当局，准许敝处得装取该货入城，不胜感荷。主席拉贝（签字）。

第二十一号文件 （1938年1月17日国际委员会致日本大使馆公函）：

径启者，敝处迭上三函，申请各点，未接复示，不胜惶惑，兹再提出如下：

第一，敝委员会于1月14日芜函中，请求迅速平价出售米煤，自治委员会分米的办法，已停止一星期，应立谋解决。

第二，敝委员会于1月13日芜函中，请求发给许可证，以便装取上海商业储蓄银行堆栈的米麦。

第三，敝委员会于1月15日芜函中，请求准许由上海装运食品600吨。

关于第二点，敝处希于明天开始装取。关于第三点，敝处拟于今日电告上海已获贵方许可，立即设法运出。关于第一点，敝处今午始知贵方已拨米1000袋，交由自治委员会于明晨装取。望贵方能日拨1000袋，以利民食。

上述三点，务祈迅速俯允所请为祷。主席拉贝（签字）。

第二十二号文件 （1938年1月18日国际委员会致上海全国基督教总会电）：

上海全国基督教总会鉴：难民食粮问题愈趋严重。12月13日迄今，日方仅发放米2200袋，面粉千袋。难民存粮渐罄。敝处现养难民5万。日方不准敝处装取上海银行米麦，拒发600吨食物许可证。请向上海日方交涉。设法购运青豆百吨。速募捐待用。费煦。

第二十三号文件　（1938年1月19日国际委员会致美使馆阿利逊、英使馆白鲁尼、德使馆罗森公函）：

径启者，诸君对于本市25万平民的生活问题，均深表关切，兹特陈述最近情形如下：

按敝委员会史密斯君曾于1月17日致函阿利逊先生，提及向日方所要求的三点：第一，自治委员会迅速发售米煤面粉；第二，准许敝委员会向上海商业储蓄银行堆栈装取米3000袋，麦9000袋；第三，准许敝委员会由上海装运食品600吨。

史密斯君昨向日方作第三次的交涉，福井先生认为此事应与田中先生接洽。史密斯与费煦两君当即偕往访问田中先生，据称上海银行堆栈中的米麦，已由日军没收。史密斯与费煦两君指出该项米麦系私人货物，殊无没收理由，据称日军或已将该项米麦分发平民。日方既不准敝委员会向上海装运米粮3000袋，也不准装运食品600吨，据称因缺乏船只。两人建议可否由日船装运，田中先生置之不答。于是两人询问日方究有何种意见。

据田中先生称，日军将负责维持平民的食粮。史密斯与费煦两君当谓自12月13日迄今，日军仅拨出米2200袋，面粉1000袋，供平民购买。田中先生以为不止此额，但又不能提出确切数字。最后，史密斯君问田中先生是否应以日方拒绝的意思转告鄙人，彼曰：然。

关于上海的食品一事，敝处已电告上海全国基督教总会鲍恩敦（Boynton）君，嘱彼在上海设法。

诸君对于此事，究能如何帮助，鄙人不得而知，特将事实经过与重要建议陈述如上。目前欲诸君胁迫日方接受敝处两项请求，固属不智，但田中先生既谓日军将负责维持平民的食粮，则诸君似可以非正式方法，促其实现。

秩序与交通必须恢复，然后售米的办法始可能推行，敝委员会目前仅能惹起日军注意本问题的严重性，并竭力设法使难民不致饿毙。要维持全体难民的生活，必须做到下列几点：

一　每天供给米2000担（1600袋），或数量相等的面粉。

二　每天供给煤40吨至50吨及其他燃料。

三　自治委员会缺乏车辆，日军卡车甚多，故米煤面粉等应由日军设法送交自治委员会。

除米与面粉外，应有其他补助食品，以免发生疾病及疫疠。敝处久有向上海购备此种食品的意思。日军也可以采办，而由自治委员会主持分配。

如何保护平民，使重返家中，如何供应生活上的必需品，使不致断绝，这是日方应负的责任。

倘蒙从旁协助，难民受惠良多。专此布达，诸希亮察。主席拉贝（签字）。

第二十四号文件　（1938年1月26日国际委员会致美使馆阿利逊、英使馆白鲁尼、德使馆罗森公函）：

径启者，敝委员会于12月14日公函及12月15日谈话中，曾向日方郑重指出食粮的供给问题，并遵日方之嘱，以米栈的地点相告。但自此以后，日方对于这一个问题即采取漠视态度。兹特将敝委员会措置食粮问题的经过略述如下：

去年11月30日，马超俊市长致函敝委员会允给米3万担，12月3

日，函准面粉1万袋，后又面许面粉1万袋。

12月2日，敝委员会收到米15000袋的出货单一纸，5日，又收到米5009袋的出货单一纸。敝委员会当即装取8476袋，并拨交下关收容所600袋，共计9076袋，合11345担，故在日军占领南京时，未及运入难民区的米为10933袋。此外，尚有面粉1万袋，未经装取，可见敝委员会现有米10933袋及面粉1万袋被日方没收。尚希诸君协助交涉为荷。主席拉贝（签字）。

第二十五号文件 （1938年1月28日国际委员会致英使馆白鲁尼公函）：

径启者，阁下对于难民区成立经过及救济工作情形，因迄未离开南京，知之甚详。鄙人兹再加以陈述。

南京难民25万人，因大规模纵火延烧的结果，其中大部分已无家可归。许多人或被绑架，或被杀害，其家属陷于绝境，整个经济生活已告摧毁，小康之家，已成赤贫。

敝委员会目前有现款10万元，上海方面尚有5700元。此项数额，用以救济25万难民，实属杯水车薪，微乎其微。且难民不仅需要消极的救济，尤其需要积极的扶助，如安身的房屋以及生活的工具等。各方慷慨解囊，造福难民不浅。为此函恳阁下设法从英国捐款中，拨出一部分，交由敝委员会支配。美国咨询委员会已拨出捐款一部分，希英国方面亦能俯允所请为感。主席拉贝（签字）。

第二十六号文件 （1938年1月27日国际委员会致日本大使馆公函）：

径启者，自去年12月14日迄今，敝委员会与贵方讨论食粮问题，赓续未停。最初请求贵方准许装取前政府所指拨的米及面粉，旋又建议另行采办，后者为贵方所拒绝。目前因存货逐渐告罄，不得不重申前请，准予装取前市政府所指拨的米及面粉。兹再将经过事实陈述如下：

前南京市长马超俊于去年11月30日致函敝委员会，允许米3万担，12月3日函准面粉1万袋，后又面许面粉1万袋。

12月2日，敝委员会收到米15000袋的出货单一纸，5日，又收到米5009袋的出货单一纸，敝委员会当即装取8476袋，并拨交下关收容所600袋，共计9076袋，合11345担。故在日军占领南京时，未及运入难民区的米为10933袋。此外，尚有面粉1万袋未经装取。

以上食粮确系前南京市政府拨交敝委员会，以供救济难民之用，务希贵方赐函，明白指示，俾便遵循为荷。主席拉贝（签字）。

第二十七号文件 （1938年1月28日国际委员会致南京自治委员会公函）：

径启者，敝委员会昨日致函日本大使馆，重申前请，准予装取前南京市市长所指拨的米与面粉，并将该函抄录一份，送交福井先生，据福井先生表示，关于此事，敝处可向贵方交涉，当时敝处并嘱福井先生与军事当局洽商。

敝处兹特函请贵方，速晤日本军事当局，解决此项问题。

据过去救济水灾的经验，目前难民不得不依靠施赈为生，至少在3、4月后始能自谋生活。敝处现在所存的米粮，只能维持到2月15日，敝处目前供养难民5万人，下月恐将增加到10万人，故敝处必须准备10个月的食粮。如以5万人计算，10个月需米12000袋，如以10万人计算，10个月需米25000袋。故敝处所请领的米10933袋，与面粉1万袋，对于今春的难民，实有迫切的需要。

倘该项食粮能如数领取，敝处愿与贵方合作，分发于难民区内外。事关难民生活，务希鼎力协助为荷。主席拉贝（签字）。

第二十八号文件　（1938年1月30日国际委员会致德使馆罗森公函）：

径启者，承阁下垂询敝委员会目前所处的地位，兹扼要陈述如下：

1月28日午后，日本特务机关负责长官一人，协同自治委员会代表，通知各难民收容所主任，谓已拟定使难民分散到城内各处的种种计划，如保护安全、供给房屋等等。敝委员会闻讯之余，衷心赞助。

按敝委员会在开始救济工作之初，就希望能够迅速恢复正常的生活状态。但持续的紧张局面与难民区内的过度拥挤，使敝委员会以及个人均深感不满。实则敝委员会早就鼓励难民重返故居，并曾通知各收容所的负责人。若干收容所的难民，有几次确因此种努力而减少人数。可是，他们不久又回到收容所，其故安在？

敝委员会认为必须实行下列三项最低限度的条件，始能谈到平安居住：第一，保证不再发生伤害奸淫掳掠的暴行；第二，食粮的供给，经常而可靠，四郊通行无阻，菜蔬可以入城；第三，日军不再放火焚毁住宅商店。如上述三点，能确实办到，一般平民自将乐于重返故居。不过在他们重返故居之前，必须感受到生命安全确有保障。

今日方宣布所有难民必须于2月4日重返故居，否则日军将强迫难民出收容所，并谓所有商人均不准在难民区内营业，此实为一严重问题。敝委员会认为此种威胁势将招致下列困难：第一，用暴力强迫难民从比较安全的区域走到危险的地带，必然惹起恶感，日本官方屡次宣称将给予中国平民以优美的待遇和良善的生活条件，此种行动显然与其所标榜的政策背道而驰；第二，国际舆论对于日军在南京的行动，已经不佳，倘再以暴力对付非武装的平民，其反响更为恶劣；第三，各国政府已经深为关切南京的不幸事件，倘再受新事件的刺激，其态度将更不利于日方；第四，鉴于上述三点，日本政府当局，自当竭力避免采取强暴手段，庶不致产生困难的后果。

为恢复南京有秩序的生活状态起见，为扫除恐怖心理并增加信任起见，敝委员会建议，应向一般平民立刻明白昭示告如下：（一）日方与自治委员会现正采取确定步骤，以促进南京全城的治安并改善其情形；（二）迁移难民的手续当力求迅速，但不强制执行。倘第一点能够圆满实现，则难民重返故居，将出于自愿，无须行使暴力。

敝委员会所有若干物力，当依照实际的环境与需要，不限地域，公平分配，敝委员会深望情形能立刻改善，情形改善后，在几星期之内，救济工作可大为减轻。一般安全如有保障，难民区即不再有存在的必要。敝委员会现正考虑改用“南京救济委员会”一类的名义。此项名义与敝委员会的实际功用，尤其在一般平民能普遍获得日方较好的保护以后，更为适合恰当。

敝委员会的主要目标，仅为救济，对于使难民重返故居一点深愿具体合作，同时，对于一般安全未能确立以前即强迫难民回家，则不能不表示诚挚的忧虑。敬此奉陈，诸希亮察为荷。主席拉贝（签字）。

第二十九号文件 （1938年2月3日国际委员会致日本大使馆参事日高公函）：

径启者，为强迫难民出收容所事，昨蒙阁下当面允许设法加以阻止，不胜感谢，此种高明手段，定可减除一切危难。关于此点，阁下务须获取贵军当局的彻底合作，避免发生任何误会。按贵国当局已屡次郑重布告，难民必须于2月4日迁出收容所，故获取合作一点，殊属重要。

贵方重要人物如本间将军、阁下及广田中佐等，先后到京，使敝委员会得随时请教，得益匪浅，特此伸谢。主席拉贝（签字）。

第三十号文件 （1938年1月10日国际委员会致美使馆阿利逊公函）：

径启者，承阁下垂询敝委员会的地位及其对于要求移交财物时所取的立场，兹扼要陈述经过如下：

按日本驻南京总领事冈崎胜雄曾于12月16日当面表示，谓日方虽不承认敝委员会在法律上的地位，但承认敝委员会的存在，而与之往来。敝委员会当于12月17日具呈日本大使馆，详细解释此点，其中曾明白指出："敝委员会殊无意继续行使半行政机关的职权，深盼贵方迅予接收，使敝委员会成为单纯的救济机关。"关于现款与物料一层，日军特务队负责人曾于12月15日面许敝委员会得自由支配。

12月31日及1月1日，敝委员会得悉日本总领事已通知自治委员会方面，谓可以接收敝委员会所有的款项与物料。敝委员会当于1月3日决定声明立场如下："本委员会纯系一私人组织，以救济受难的平民。各方拨助的款项与食粮，专供救济之用。本委员会既接受此种款项，自应继续维持，用途的支配，则务求切合需要。行政方面的开支，如警察职员等的薪饷，另从经常费中拨付。"

1月6日晚，福田先生访晤拉贝先生。据福田先生非正式表示，日军当局欲自治委员会负责进行今后一切事宜，故欲接收敝委员会所有的款项与物料。拉贝先生当即以敝委员会决定的立场相告。据福田先生表示，最好能有书面的陈述，拉贝先生立刻召集常务委员会，决定答复的内容（参阅第十七号文件）。目前尚无动静。

1月8日，日军当局曾欲以暴力封闭敝委员会的米店，敝委员会昨与自治委员会食粮管理员谈话的结果，决定于今晨起将米店自动停业，实则敝委员会在10天以前，即欲结束米店，但自治委员会迄无售米的准备。米店停业后，分发米粮的办法，仍当继续进行。敝委员会现派出卡车5辆，为自治委员会搬运日军所拨交的米1万袋，因该米准备出售，将索取搬运费，其余1250袋，因系救济难民区外的平民，当尽义务。

日军军需处石田少佐，本许以米3000袋及面粉5000袋售给敝委员会，救济平民，今晨忽然反悔，取消前约，这是使敝委员会"束手待毙"的又一步骤。敝委员会不拟向自治委员会购买该项食粮。米煤面粉等物，只要能源源而来，使难民区内外的一般平民无饥饿的恐慌，敝委员会无不表示欣慰。至目前所有若干款项与物料，因须预防意外，当然应“未雨绸缪”，不能移交任何机关。特此奉达，诸希亮察为荷。秘书史密斯（签字）。

第三十一号文件　（1938年1月10日国际委员会致美使馆阿利逊公函）：

径启者，关于昨夜李格斯君事件，裘志博士是调查人之一，将向阁下详细报告。鄙人在“日军暴行报告”中第一八七件，仅加以概括的记录。

第一八○件至第一八三件，表示住在中山路一带军事机关附近的平民所受的危险。第一八四件和第一八六件，表示平民回家时所遭遇的困难。第一八五件表示日军屠杀平民的惨无人道。敝委员会尤为关切的是，难民区内不断发现尸体，池塘内的尸体更多，在卫生上给予居民以极大的威胁。迄今城内尚未发生严重的疾病。不过，倘目前不卫生的情形继续存在，倘饮水不洁，则疫疠随时可以出现。

第一八七件表示若干日本宪兵的性格。据德使馆罗森博士称，他已向日方建议设法由东京派来比较健全的宪兵，以维秩序，特此函照，诸希台洽。秘书史密斯（签字）。

第三十二号文件　（1938年1月17日国际委员会致美使馆阿利逊公函）：

径启者，查日本大使馆对于敝委员会所提下列三点，尚未圆满答复：

一　迅速平价出售米煤。

二　迅速发给护照，俾敝委员会得向上海商业储蓄银行堆栈，装取所购之米及面粉。

三　迅速发给护照，俾敝委员会得向上海装运600吨食品。

兹恳阁下向日本大使馆交涉下列三点：

一　准许医生看护来京。

二　准许鼓楼医院向同一堆栈装取白煤50吨。

三　准许外侨向同一堆栈取煤。

附“日军暴行报告”，足以说明当前局势。再者，自治委员会分米的办法已中止，将及一星期，特此奉告，诸希台洽。秘书史密斯（签字）。

第三十三号文件　（1938年2月6日国际委员会致美使馆阿利逊公函）：

径启者，各方为救济南京难民起见，纷纷捐助款项物料，如何利用此种款项物料，以惠难民，实为敝委员会最重要的责任。故对于米粮的分发，或与自治委员会合作，或以自治委员会的名义进行，均无不可。

但分发米粮的实际办法，影响于嗷嗷待哺的难民者甚大，敝委员会自不能放弃决定实际办法的责任。倘日方欲没收敝委员会所保管的款项物料，将招致全世界舆论的责难。

敝委员会所持立场，公平友善，且为解决本问题的最好办法。

特此函达，诸希台洽。主席拉贝（签字）。

第三十四号文件 （1938年2月19日国际委员会致美使馆阿利逊、英使馆杰佛莱德、使馆罗森公函）：

径启者，自2月18日起，敝委员会决定改称南京国际救济委员会，应与目前的实际工作更为相符。

贵使馆对于南京难民区，自磋商成立之时，以迄于今，不断予以道德上的援助。殊深感激。此后对于敝委员会的救济工作，尚祈继续扶持为荷。主席拉贝（签字）。

附录五

攻占各城市之日军部队

下面列出的日军部队，参加了攻占南京、杭州、苏州、芜湖、嘉兴等战役，来源于日本官方宣传机关同盟社特派战地记者所发表的消息，时间从1937年10月中旬到12月下旬。

南京：

胁坂部队	藤井支队	一茶支队	玉田分队
中野分队	大野分队	片桐分队	今中部队
御国分队	松井分队	助川部队	长谷川部队
竹下支队	冈本支队	野田部队	天谷支队
人见部队	伊藤分队	千叶部队	芹川炮兵队
野中工程队	下枝部队	川村航空队	宫川部队
神崎航空队	泷航空队		

杭州：

片冈部队	小酒井部队	野副部队	富士山部队
福井部队	谷川部队	津田部队	玉田炮兵支队
川崎分队	国阪支队	藤田坦克车队	川村陆军航空队
安达支队	中津支队		

苏州：

藤井部队	一茶支队	下枝支队	胁坂支队
小酒井支队	川崎分队	岩本分队	管原分队
岩国支队	中津支队	冈本部队	

芜湖：

长冈部队	富士山部队	小酒井部队	野副部队
小池部队	浅野部队	片冈部队	井泽部队

嘉兴、南浔、常熟：

片冈部队	野副部队	小酒井部队	富士山部队
代崎部队	山本支队	玉田分队	冈本支队
助川部队	野田部队	茶田分队	

附录六

南京的“杀人竞赛”

1937年12月7日，由美国人在东京创办的英文报纸日本报知者（Japan Advertiser）曾刊载下面一则消息：

“片桐部队的向井敏明少尉与野田岩少尉两人都参加了句容的战斗，他们举行友好的杀人竞赛，也就是在完全占领南京以前，先亲手杀死100个人就是胜利者，现在比赛已经到了最后阶段。据朝日新闻消息，星期日在句容城外作战的时候，两个人的记录分别是：向井少尉已杀死89人，野田少尉已杀死78人。”

1937年12月14日，该报又刊载了下面一则消息：

“据日日新闻战地特派记者从南京城外紫金山坡来电称：向井少尉与野田少尉举行杀死100个中国人的竞赛，向井少尉已杀死106人，野田少尉已杀死105人，但由于不能确定谁先杀死了100人，所以到目前仍不能确定谁是胜利者。现在2人同意不再以先杀死100人为标准，而以先杀死150人为标准。”

“在这次竞赛中，向井少尉的刀锋已经稍微损坏，因为他把一个中国人，连钢盔带身体一起劈成两半。向井少尉认为这次竞赛完全是‘玩意儿’，他觉得他们俩都突破了100人的记录，但是却彼此都不知道真是很好笑。”

“星期六早晨，当日日新闻记者在总理陵园高处访问向井少尉的时候，另一队日本军队在紫金山坡放火，驱逐中国军队，同时掩护向井少尉及其部队，子弹从他头顶上飞过但是没有击中。”

“据向井少尉说，当他把杀人的军刀扛在肩上的时候没有子弹能够打中他。”

附录七

请看日方之报道

日本报纸上很少记载日本军队占领南京以后的情形，甚至可以说是没有什么记载。翻阅在日本出版的英文报纸，也看不到任何关于日军在南京及其他城市的种种暴行的痕迹。日本报纸是想把南京伪装成一个太平安静的地方。1938年1月8日上海新申报（日人主办的汉文报）上的报道如下：

“南京市的街道依然沉寂。慈和的阳光照耀着西北角的难民区。从死里逃生的南京难民，现在已经受到皇军的抚慰。他们跪拜道旁，感激涕零。在皇军入城以前，他们备受中国反日军队的压迫。生病的人没有医药上的帮助，饥饿的人不能够取得一米一粟，良民的痛苦，无以复加。”

“幸而皇军现已入城，伸出慈悲之手，散播恩惠之露。在日本大使馆的西首，难民数千人放弃了以前无聊的反日态度，因为生活有保障，群相额手称庆。男男女女，老老少少，跪迎皇军，表示忠诚。在难民区内，日兵向难民分散面包、饼干及香烟，难民莫不感激逾恒。日兵并在营房附近，馈赠礼物。”

“同时，卫生队也已开始进行医药与救济工作。眼睛将失明的人得重睹天日，咳嗽甚剧的孩子，两脚臃肿的老妪，都免费疗治。难民沾受皇军的恩惠后，满面愉悦，围绕日兵，高呼‘万岁’。宪兵看见一个老板布置重开店铺，便报以微笑。从鼓楼四眺，贴近日本大使馆飘扬着美国旗，西北面飘扬着英国旗，北面飘扬着法国旗，东面飘扬着苏联的红色旗，与后湖的碧水相映成趣，在这中央则高耸着旭章旗。运动场上，日本兵和中国儿童共游乐。只有在南京可以呼吸到安宁生活和愉快工作的空气，全世界的人士应该注意今后南京的发展。”